가나안 교인
이야기

가나안 교인 이야기

2019년 6월 12일 초판 1쇄 인쇄
2019년 6월 19일 초판 1쇄 발행

지은이 | 박성원
펴낸이 | 김영호
펴낸곳 | 도서출판 동연
등 록 | 제1-1383호(1992. 6. 12)
주 소 | 서울시 마포구 월드컵로 163-3
전 화 | (02)335-2630
전 송 | (02)335-2640
이메일 | yh4321@gmail.com

ISBN 978-89-6447-492-1 03200

가나안 교인 이야기

박성원 엮어 씀

동연

추천의 글

'가나안 교인'은 한 특정 교회에 소속하지 않고 종교집회나 행사에 현재 '안-나-가'(가나안의 역순)는 기독교인을 표현한 것입니다. 한때 기독교인들이었던 냉담한 종교인들을 지칭하기 위해 '가나안 교인'이란 용어가 생겨나더니 이제 마치 트렌드처럼 그 숫자가 놀랄 만큼 증가해 왔습니다. 기독교문화권인 서구에서는 이미 그 인원이 압도적으로 크게 증가하는 현상으로 인해 이미 70년 전부터 연구된 분야이기도 합니다.

한국에서도 공식적으로는 기독교인들 중에서 1/10이 가나안 교인에 해당하며 비공식적으로는 이보다 훨씬 많다는 의견도 있습니다. 이에 우리나라도 이제 목회 현장에서 그리고 학문적 관점에서도 그 관심이 커지고 있는 연구 주제가 되었습니다.

이 책은 가나안 교인에 대해서 단편적인 생각을 넘어 조직적인 교회에서 뿐만 아니라, 개인적으로 혹은 극히 작은 소모임으로 신앙생활을 꾸려가는 숨겨진 종교인들의 이모저모를 엿보게 도와줄 것입니다. 편견을 벗고 이 글을 읽다 보면 때로는 가슴 벅찬 공감으로 이들의 이야기가 다가올 것이고, 때로는 진지하게 함께 기독교 신앙을 다시금 생각하게 하는 이야기들이 될 것으로 확신합니다.

저자는 가나안 교인들을 '믿음생활의 성장을 위해서 시도하고, 고민하는' 우리 모두의 모습으로 그리면서, 그러한 다양함 속에서 현대 기독교인이 추구해야 할 온전한 예배에 대해서도 신학적 관점에서 세밀하게 조명하였습니다. 더불어 저자는 상담 분야의 연구자여서 현 시대를 살아가는 한국인으로서 그리고 한 인간으로서 내면 깊숙이 새겨져 있는 경험들까지 심리학의 관점으로 신선하게 전달해 줄 것입니다.

이 글을 읽다 보면 우리가 잊고 살아온 두 단어 '공동체'와 '존중'을 떠올리게 됩니다. 이 책의 핵심 주제어이기도 한 이 소중한 가치들을 깊이 탐구하게 되면서 우리 모두에게도 적지 않은 깨달음을 줄 것으로 기대합니다. 기독교 신앙의 실천을 진지하게 고민하는 모든 이들에게 일독을 권하고 싶습니다.

2019년 5월, 연세대학교에서

권 수 영

머리말

    2017년 7월에 석사학위 논문을 처음 받아 들고 이 글을 구상하였다. 시작은 그 무렵이었지만, 1년 6개월이 지나서야 마무리를 위해서 다시 마주한다. 그동안 가장 하고 싶은 작업이었음에도 할 수 없었던 것은 1년 6개월만큼의 기도와 삶의 경험이 책을 마무리하는데 필요했다.

    '왜 책으로 엮으려고 하는가?' 그동안 필자가 스스로 여러 번 떠올리며 답을 한 질문이다. 이 글을 위해서 쾌히 승낙하여 주신 그리고 가슴 저 깊은 이야기들도 조심스레 꺼내어 먹먹한 가슴으로 나누어 주신 분들의 삶의 이야기와 그 감동 때문이다.

    이 글에서 '가나안 교인들'로 소개된 열두 교인들은 현재 한 교회에 소속되지는 않았지만, 그렇다고 영원히 교회를 떠난 이들은 아니다. 본인이 처한 상황과 위치 속에서 주님을 열망하고, 더욱 주님을 개인적으로 친밀하게 느끼고, 소통하고, 닮기 위해 고민하는 바로 우리들의 어느 한 시점 한 모습이다. 여러 모습으로 믿음 생활의 성장을 위해서 시도하고 고민하는 모습이라고 생각한다. 조금은 더 외로울 수 있는 여정 가운데에서 각자만의 시도와 고민으로, 더욱 의미 있고 소중한 신앙생활을 이미 발견했거나 또는 가까운 미래에 발견하리라 믿는다.

이러한 여정에 필자는 잠시 초대되어 그들의 이야기를 듣는 기회를 가졌다. 그리고 그들의 이야기를 "'가나안 성도'들의 탈(脫)교회에서의 신앙경험에 대한 연구"라는 제목으로 석사학위 논문에 담았으며, 이후 「한국기독교상담학회지」에 게재하였다. 이 책에는 교인들의 이야기를 신앙생활 경험과 하나님 이미지 경험으로 나누어 담아 보았다.

한국 인구의 1/4 이상을 차지하는 기독교인들, 그들 중에서 또 1/10 이상을 차지하는 '가나안 교인'이라 불리는 교인들에 대한 관심으로 이미 여러 연구들이 발표되었다. 또한 목회 현장에서도 목회자들과 교인들에게서 제안된 사항들과 학자들의 연구를 통해서 제안된 의견들을 수렴하여 적용하고 있음을 종종 접한다. 대부분의 연구들이 통계에 근거하여 가나안 교인들에 대하여 알려주었다면, 본 글은 그들의 개인적인 신앙생활에 대해 본인들의 이야기로 직접 들려준다는 것에 그 의미가 있다.

열두 명의 교인들은 한 교회에 소속하여 신앙생활을 한 경험과 교회에는 소속하지 않고 개인적인 신앙생활을 한 경험을 들려준다. 이야기에는 공통된 주제들이 있어서, 공통된 주제들을 중심으로 개개인의 이야기를 분류하여 정리해 보았다. 그리고 공통된 주제들은 더 큰 주제 묶음으로 소개한다.

따라서 본 글의 대부분은 필자의 글이 아니라, '가나안 교인들'

의 이야기이다. 믿음 생활을 하게 된 개인적인 삶의 이야기를 포함하여 각자가 생각하는 구원과 소명 등 다양한 신앙생활에 대한 이야기를 들려준다. 필자는 그들의 이야기를 고스란히 전할 뿐이다. 우리 곁에 이러한 신앙생활도 있다고 글을 통해서 조금 보여줄 뿐이다.

그리고 마지막 장에 교인들에 대한 이해를 바탕으로 목회를 위한 돌봄과 상담에 대해서 정리해 보았다. 배우고 수련을 받는 입장에서 목회와 상담에 대한 관심으로 쓴 글이다. 많이 부족하기에 양해를 바라며, 그래도 조금은 긍정적인 도움이 되기를 기대해 본다.

다시 한 번, 본 글의 주인공들인 열두 분의 선생님들께 진심으로 감사를 드리면서 신앙생활에도 응원의 마음을 전한다.

2019년 봄

박성원

차 례

2부

가나안
교인과
하나님
이미지

105

3부

가나안
교인
돌봄과
상담

145

1부

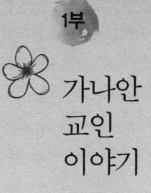

가나안
교인
이야기

—

I.
12인의 가나안 교인들

교회나 성당에 다니며 신앙생활을 했지만, 현재는 다니고 있지 않은 열두 명의 가나안 교인들의 이야기이다. 20대에서 80대 후반까지 다양한 연령을 지닌, 네 명의 남성과 여덟 명의 여성이 그들의 삶과 믿음생활에 대해서 진솔하게 전한 이야기이다. 그들이 경험한 신앙생활에 대한 이야기를 한 분씩 가명으로 소개한다.

박미경

모태 천주교인이며 현재 본인을 제외하고 친정 식구들은 모두 성당에 참석한다는 박미경은 신앙생활이 47년 되었다. '누가 가라고 한 것도 아닌데'도 성당에서 학생회며, 청년부며 많은 활동을 했으며, 주중에도 매일 미사에 참석한 경험도 있다. 그러나 '하느님과의 서약을 깬', 이혼 이후부터 성당에 나가고 있지 않다.
이혼이 나가지 않는 계기가 되었지만, 성당의 '어거지스런 형식'
이 싫고, 지금은 하느님의 많은 은혜로 그 틀이 없어도 하느님을
느낀다고 한다. 그녀의 믿음에 대한 기본 틀, '하느님은 사랑이라
는 것. 진리가 너희를 자유케 하리라는 것'을 믿으면서 본인과 두
자녀를 위해서 매일 열심히 일하는 것이 그녀에게는 실천하는 신
앙생활이다.

성당에서 기도하며 자기를 돌아보는 대신에 요즘은 새벽마다 매
일 명상과 기체조를 하며 주말이면 산에 오르면서 자신을 돌아보
며 하느님을 만난다. 이러한 시간을 통해서 '지혜도 얻고 하루를
살아내는 힘'을 얻는다.

그녀에게 신앙은 '가까운 곳의 사람들과 평안한 것'이 그 본질인
데, 가까운 가족보다 신앙생활이 우선인 신자들을 보면서 그녀
는 '본질에서 많이 벗어난다'는 생각을 해본다. 지금의 신앙생활
이 안정감은 없어서 언젠가는 다시 성당에 나가려고 하지만 때가
되어 나가더라도 어떤 틀을 가지고 나가고 싶지는 않다.

진미정

2001년 진미정은 남편 없이 외국에서 아이들과 함께 생활하며
많은 불안감을 느끼고 신앙생활을 시작하게 되었다. 15년 동안
신앙생활하면서 교회에서 제공하는 많은 성경 수업을 참석하며
'끊임없이 성경을 공부했다.'

열심히 하다 보니, 공동체 모임 및 봉사활동에서 리더로서 섬기는 역할도 하게 되었지만, 그러한 신앙생활 속에서 본인의 '어떤 깊은 것을 만나기보다는 다른 사람들을 위해서' 신앙생활을 하는 것 같은 공허함을 느꼈다.

2년 전부터는 '예배도 중요하고 모임도 중요'해서 5~10명 이내의 뜻이 맞는 사람들과 함께 그녀의 집에서 주일예배와 청년들과 금요 예배를 드린다. 또 필요하면 큰 교회에서 방을 빌려서 모임을 갖기도 한다. 이러한 소그룹 모임은 대형 교회의 소그룹과는 달리 '비슷한 칼라가 있는 사람들과 교제할 수 있고, 그런 깊이 때문에 친밀감도 있다.' 그러한 친밀감 속에서 '아픔을 만져 주시고, 눈물을 닦아주시는 하나님'을 경험하며 '하나님 안에서 안전하게 뿌리 내리는 신앙생활'을 경험하고 있다.

그녀는 기독교인이지만 '하나님이 누구신지는 잘 모르면서 교회에 주일날 왔다 갔다 하는 것보다는 하나님과 나와의 친밀한 관계'를 가장 중요한 것으로 여기고 매일 아침 성경말씀을 묵상하고 기도하는 것으로 시작한다.

이진호

기독교 이전에 대학시절 불교를 먼저 접한 이진호는 외국 유학시절인 2000년부터 꾸준히는 아니지만 교회에 다녔으며, 현재 16년 동안 하나님을 믿는다고 생각한다. 2년 전부터는 주일마다 나가던 교회에는 가지 않고, 회사 근처의 교회에 일주일에 3일 정도 점심시간 혼자 예배당에 앉아서 성경 구절을 외우기도 하고, 읽기도 하고, 기도도 하면서 '하나님을 만난다.' 이러한 시간은 그에게 '상당히 소중한 부분'이다.

많은 불안을 느꼈던 유학시절 '흔들리지 않는 기초'를 찾고 싶어서 교회에 다니게 되었다는 그에게 '삶에서 실천하는 종교가 중요'하고, '생활 속에 종교가 담겨 있어야' 한다.

예식이라는 '형식을 통해서 내용을 채울 수 있다'고 생각하는 그이기에 주일예배에 참석하지 않는 이러한 신앙생활이 올바르다고는 생각하지 않는다. 하지만 주일예배보다도 정말 절실한 순간, 주중 일터에서 지친 마음을 보듬어주는 하나님과의 만남이 그에게는 생활 속에 담겨 있는 종교이며 실천하는 종교이다.

교회가 세상과 똑같이 가는, '소금이 아닌 양념'의 역할을 하는 것 같아서 때로는 답답함을 느끼는 그는 본인만의 방식대로 신앙생활을 계속하길 원한다.

최은진

13년 전부터 교회에 다니기 시작하신 88세의 최고령 교인인 최은진은 평생 불교신자였다. 작고한 남편이 돌아가시기 전에 교회를 잠시 다닌 것과 아들 내외가 교회에 다닌다는 것을 알고 14년 전에 개종하게 되었다.

교회에 다니기는 하지만, 주일에 예배에 참석하는 것은 아니다. 교회에서 화요일마다 다른 노인들과 목사님과 예배를 드리고,

다양한 취미강좌 중에서 노래반에 참석한다. 벌써 10년째이다. 주일에는 함께 사는 가족들이 교회에 나가지 않으니 혼자 가게 되지는 않지만, 화요일에는 빠지지 않고 참석하려고 한다. 그녀는 '하나님께 가깝게 하고 싶어서' 교회에 나가며, 성경은 잘 읽지는 않지만, '하나님이 다 보살펴 주시기'에 매일 아침 일어나자마자 가족을 위해서 기도하고, 반성도 하고, 고맙다고 인사도 드린다. 또 잠이 안 올 때에도 기도하고, 반성하면서 그렇게 '하루하루 산다.'

마음의 평안은 '첫째, 하나님을 믿으니까 하나님이 알아서 보살펴주시겠지' 하는 마음에서 온다는 그녀다. 그래서 일상생활 속에서 하나님께 수시로 고하고, 반성하고, 용서해 주실 거라 믿으며, 돌봐주심에 감사함으로 기도한다.

윤정아

2003년 남편이 다른 지방으로 파견 근무를 가고 윤정아는 혼자 어린아이 둘을 양육하며 마음도 몸도 많이 힘들던 시기에 성당을 처음 나가게 되었다. 3년 동안 성당에서 열심히 봉사하며 신앙생활을 했던 그녀는 세례를 받자마자 소그룹 리더로 활동하였다. 많은 부담감을 가지고 감당해내는 역할인데 담당 구역장은 더 많은 헌신을 그녀에게 요구했다. '종교가 우선이 아니고 가정이 우선인' 그녀에게 성당의 공동체 생활은 '쉽지가 않았다.'

봉사가 주는 뿌듯함도 있었지만 큰 부담으로 다가온 역할, 하느님에 대한 확신 없음, 확신이 없이 다니는 자신이 다른 신자들에게 누가 되는 것은 아닌지, 또 신앙인으로서 자신의 부족함을 느끼고는 3년 만에 성당에 다니던 것을 그만두었다.

이후에도 종교에 의지하고 싶었지만 왠지 하느님에 대한 확신이 없음에도 하느님에게 무언가를 바라는 순수하지 못한 믿음이 부끄럽다. 그래서 성당이나 교회에는 나가지 않고, 혼자 집에서 천주교 기도문을 묵상하는 것으로 대신한다. 매일 저녁 40분 정도 기도문을 묵상하며 '나를 들여다보는 시간'을 갖는다. 이러한 시간을 통해서 '에너지가 채워지는 뭔가 담담함과 편안함'을 느끼면서 자신을 맥없이 돌아보는 것보다는 한 문장이라도 읽고 돌아보는 것이 도움이 된다고 한다.

요즘 그녀는 성당에 참석하지는 않지만, 하느님이 구심점이 되어서 가족이 하나가 될 수 있다는 점에서 가족이 모두 교회든 성당이든 나가면 좋을 것 같다고 생각한다. 또한 아이들에게도 사회의 모임과는 다른 '선한 모임', '선한 목적을 가진 모임'에서 생활하는 것이 의미가 있고 도움이 될 것 같다고 덧붙인다.

임선희

1991년 당시 대학생이었던 임선희는 스스로 교회를 찾아간 것이 계기가 되어서 기독교인이 되었다. 꾸준히 참석하지 못하다가 이후 1993년 외국에서 유학하며 교회를 다시 찾았다. 그곳에서 대학부 친구들과 기도만 하는 시간을 가진 후 '머리가 맑아졌던 느낌'이 들었고, 그 느낌이 많이 좋았던 것으로 기억한다.

한국으로 돌아와서 바쁜 직장생활로 교회는 몇 년에 한 번 가는 것이 다였지만, 그때마다 목사님 설교에서 항상 삶의 문제에 대한 해답을 얻었다. '끊임없이 누군가가 교회로 안내하는 것'을 느끼면서도 자주 찾지는 못했지만, 오랜만에 참석한 예배에서 '세상에서 싸우는데 뭔가 굉장한 힘'을 얻곤 하였다.

신앙생활이 10년 차인 그녀는 다른 교인들과는 달리 교회에 오랫동안 불참석하다가 최근 3년 전부터 한 교회에 등록하고, 꾸준히 예배와 교육에 참석하고 있다. 결혼을 준비하며 사람이 할 수 없는 영역이 있음을 경험하고 좀 더 종교와 성경에 대해서 알고 싶었다. 이러한 마음으로 교회에 참석하며 '주는 평온함을 요즘은 더 즐기고 있다.'

교회에 불참석하던 시기에 그래도 나름 마음의 평안을 얻는 것에 도움을 준 것은 매일 읽은 성경 말씀을 묵상하며 혼자서 가진 큐티(Quiet Time)였다. 7년 정도 혼자서 큐티를 하면서 '현명함과 지혜'를 찾았으며, 그녀가 지금도 주위의 가까운 신앙인들에게서 가장 크게 느끼는 것은 기도의 힘이다. 삶 속에서 생활과 신앙이 '균형 잡힌 삶' 그리고 '온전하게 나의 삶을 사는 것'이 그녀가 바라는 신앙생활이다.

민진석

2004년 민진식은 암이라는 큰 병을 얻었으며, 아파서 절실하게 의지하고 싶은 곳을 찾은 곳이 교회였다. 이미 기독교는 그가 평생 일하고 있는 직장이 기독교 고등학교여서 많이 익숙하였지만, 2년 동안 꾸준히 교회에 나간 것은 처음이었다. 하나님이 그의 고통을 알고 덜어주실 것을 기대한 그였지만 이루어지지 않은 소망에 계속 교회를 다니기 어려워졌다. 또한 교회의 공동체생활에서 느껴지는 거리감, 소외감과 부담감 그리고 '마음속에 신의 존재에 대한 느낌'의 경험이 없어서 결국 교회를 떠나게 되었다. 교회에서 예배를 드리며 영적으로 큰 변화가 있을 것을 기대했지만 변화가 느껴지지 않았고, '마음속에 있는 하나님이 아니라 일반적인 사람들이 생각하는 하나님'에 대해 설교에서 들으며 절실하게 와 닿지 않았다.`

지금도 매일 약을 복용해야 하고, 병원에서 정기검진을 해야 하며, 그 약의 부작용으로 몸이 많이 불편하고 괴로워서 밤마다 잠을 이루지 못하는 그다. 그래서 누구보다도 신이나 절대자의 도움의 손길을 원하지만 예수님의 이름으로 기도드리지는 않는다. 종종 마음속의 안정과 위안을 위해서 자기 전에 '하루 편안하게 지내게 해주셔서 감사하다'고 기도는 드리지만, 그것은 누군가 계시다면 그분께 드리는 것이다.

평생 하나님에 대한 확신과 믿음이 없어서 기독교학교에서 설교와 찬양을 해야 하는 차례가 되면 많은 부담을 느꼈고 지금도 느낀다. 그래서 혼자 찬양도 불러 보고, 성경공부도 하였으며, 개인적으로 좋아하는 말씀도 있다. 그러나 다른 신앙인들은 하나님을 만났는데 본인은 그러지 못한 것 같아서 여전히 마음이 무겁다.

신유경

현재 60대인 신유경은 대학시절 수녀인 친구와 성당에 처음 나가게 되었다. 성당에 대한 점잖고 경건한 이미지가 좋아서 함께 가기는 했지만, 절대자가 하나님이라는 것에는 믿음이 없어서 잠시 나가다가 그만두었다. 그녀는 성당에서 편안하고 좋았지만 누구한테 의지하고 절대적으로 믿을 수 없는 자신의 성향을 알기에 그저 '내가 행복하고 아름답고 바르다고 생각하는 것을 좇아서 살면 내가 이루고자 하는 "나"를 이룰 수 있다'고 생각한다. 그래서 대학시절에 절에도 몇 번 가서 설법도 들었고, 그러면서 불교건 기독교건 모두 사랑, 베풂, 바름을 지향하기에 '목표가 같은 것은 결국 같은 것이 아닐까?'라는 생각을 해본다. 그녀는 신이 어떤 이들에게는 이런 빛깔로 또 어떤 이들에게는 저런 빛깔로 다가와서 주관적이지만 결국 '본질적으로는 똑같은 것이다'라는 나름대로의 정의를 내려 보았다.

보이는 것을 추구하다 보면 그것은 누구나가 얻을 수 있다고 생각하기에 그것이 대단하다고 생각하지 않는다는 그녀는 보이지 않는 아름다움과 사랑이 가장 대단하다고 여긴다. 그래서 책이나 영화, 음악, 사색을 통해서 행복감, 성취감을 느낀다. 이것이 그녀가 '누리고 싶은 아름다움'이다. 그리고 이것이 그녀에게 평안의 시간을 허락한다.

그래서 그녀의 소명은 사랑. '마음을 움직일 수 있는 사랑, 내가 나를 넘어서는 것, 그 넘어서는 힘을 사람들에게 미치게 할 수 있는 힘, 어려운 이들과 함께 나누는 것'이 그녀 인생의 목표이다.

강준영

5세부터 어머니와 함께 교회에 다니기 시작했다는 20대 강준영은 현재 대학교 2학년생이다. 아버지를 포함해서 온 가족이 교회에 다니게 된 것은 16년 정도 되었고, 초등학교와 중학교 모두 기독교학교를 다녔으며, 고등학교와 대학교 1학년까지 교회의 예배, 성경공부, 공동체 생활, 봉사활동에 적극적으로 참여하였다. 대학교 1학년을 마치고 군복무를 하며 그곳에서도 주일에는 예배를 성실히 참석하였다. 그러다가 제대가 다가올 무렵부터 생활관 생활이 편안해지면서 종종 교회에 가지 않고 방에서 쉬는 것을 좋아하게 되었다. 그런 생활이 학교에 복학한 이후에도 연장 되었다. 물론 학교가 다니던 교회와 물리적으로 많이 멀고 학기 중 학업으로 바쁜 것이 주요 이유이기는 했다.

현재 1년 6개월 정도 주일예배는 거의 참석을 하지 않고 있다. 하지만 청년부 친구들과는 주말이면 함께 축구를 하며 교제는 계속 이어가고 있다. 교회에서의 교제를 많이 좋아하고 목사님의 설교에서도 배운 게 많다는 그는 성경앱을 다운받아서 오늘의 말씀을 매일 묵상하는 것과 기도하는 것으로 신앙생활을 이어가고 있다. 하지만 교회에 다녔을 때 본인이 더 평온하고 긍정적인 마

음을 가졌다는 것을 알기에, 이번 방학부터는 교회에 성실히 참
석하고 싶은 그이다.

나민아

초등학교 6학년 때 뉴질랜드로 어학연수를 혼자 가면서 그곳에
서 믿음생활을 시작한 나민아는 20대 초반의 대학 4학년이다.
본인의 집은 그렇지 않지만, 외할머니와 이모와 이모부는 독실
한 기독교인이어서 자연스럽게 기독교를 접하게 되었다. 부모님
과 떨어져 혼자 뉴질랜드의 기독교 초등학교에 다니면서 밤마다
매일 기도하곤 하였다.

대학에 다니면서 포항에 있는 집보다는 대학에서 가까운 서울의
이모님 댁에 자주 방문하면서 대학 3학년까지 이모 가족과 함께
교회에 다녔다. 하지만 이모 가족이 대전으로 이사한 후에는 교
회에 혼자 참석하는 것이 쉽지 않았다.

요즘은 교회나 말씀을 접하지는 않고 독실한 기독교 친구들이나
전화로 외할머니와 이야기를 나누는 정도이다. 그러나 그녀는
교회를 다녔을 때의 마음의 평온함, 설교 말씀의 유익함 그리고
교회의 집사님들이 많이 예뻐해 주신 것을 기억하며, 이번 방학
에는 혼자서라도 교회에 다시 나가고 싶다.

정지훈

40대의 정지훈은 고등학교와 대학교 모두 기독교학교여서 채플

시간에는 참석했지만, 교회에 나가게 된 것은 결혼 전 아내를 만나면서 3년 동안 다녔다. 믿음은 없었지만 아내와 다녀보고 느낌이 좋으면 계속 다녀보려고 했다. 하지만 첫 아들을 낳고 여러 이유들로 교회에는 참석하지 않고 있다.

벌써 10년 넘게 성경을 접했고 생각도 많이 해보았지만, 기독교 학교의 의무적인 종교교육 때문에 '믿음보다는 거부감이 더 심한' 그이다. 그래도 예배에서 설교 말씀은 도움이 되었고, 사회관계에도 도움이 되므로 아직 믿음은 없더라도 아내가 원하면 함께 교회에 참석하려고 한다.

나중에 소개할 한수진의 남편인 그는 '심리적으로 많이 불안할 때' 해결될 때까지 사색을 하거나, 심리학에 관한 책들을 읽고, 유명한 스님의 동영상을 보며 '인간의 마음'을 알려고 한다.

한수진

고등학교 시절, 목사인 친구 어머니의 보살핌으로 19년 동안 교회에 꾸준하게 다녔던 한수진은 30대이며, 정지훈의 아내이다. 교회의 공동체 생활에서 '나눔이 생각보다 깊지 않아서' 조금 아쉽기는 했지만 그래도 청년부 활동도 열심히 했던 것으로 기억한다. 현재 아이를 출산하고 아이와 함께 교회에서 예배 보는 것이 불편해서 집에서 주일이면 인터넷으로 예배를 드리고 있다. 집에서 예배를 드리면 아이와 함께여서 편하기는 하지만 아무래도 집중도가 떨어지는 것 같고, 성경 말씀을 읽고 큐티시간을 가지고 싶지만 실천하고 있지는 않다. 인터넷 예배와 아침과 저녁에 짧게 기도하며 신앙생활을 하는 그녀는 남편이 함께 교회에 가준다면 다시 교회에 참석하고픈 마음이 있다.

II.
소속했던 신앙생활

1. 다양한 신앙생활의 계기

어린 시절에는 친구들이나 친척들과 함께 여러 번 교회에 갔던 경험을 가지고 있었지만, 본인의 종교로 받아들이고 신앙생활을 본격적으로 하기 시작한 시점과 계기는 다양하였다.

그중에서 가장 많이 보인 계기는 '힘들고 불안한 시절', '스스로의 의지에 의해서 살기가 버거울 때'였다. 6명의 교인들이 이야기한 것으로 그 시기가 결혼하기 전에 사람의 힘으로 할 수 없었던 것을 느꼈을 때〈임선희〉, 결혼 이후 가족이 외국에서 생활할 때〈이진호〉, 직장 때문에 남편과 떨어져서 외국이나 한국에서 어린 자녀들을 양육하던 시기〈진미정, 윤정아〉, 본인의 몸이 병으로 많이 아프고 두렵던 시기〈민진석〉, 무책임한 남편 때문에 어린 자녀들을 양육하며 힘들었던 시기〈박미경〉이다. 이러한 경험들이 신앙생활을 더 적극적으로 하게 되는 계기가 되었다.

교회를 안 다녔다가. 미국에 가서 다녔으니까 2000년부터 다녔어요. 흔들리지 않는 뭔가가 있어야 할 것 같아서 가게 되었고. [중략] 교회에 갔던 것도 내가 스스로 찾아갔는데 반석이라고 하나, 성경에서 흔들리지 않는 토대를 찾고 싶어서. 진짜 진리. 변하지 않는 뭔가가 있다는 것이 나를 편안하게 했던 것 같아요. [중략] 한동안 종교가 없다가 미국에 가서 힘들고 불안해서 그때에도 마찬가지로 토대를 발견하고 싶었고, 아내도 기독교를 원했죠.〈이진호〉

아이들을 데리고 미국에 갔는데, 큰 아이가 사춘기가 오면서 그렇다고 얘가 막 못되고 방탕한 아이가 아닌데도, 남편은 서울에 있고 저는 애들 데리고 외국생활을 해야 하니까 힘이 들더라구요. 근데 마침, 교회에서 부모 양육교실이 있다고 해서 저는 뭐 사실 교회는 관심이 별로 없었고, 그것에 관심이 있어서 1년을 다니다가. 아까도 말씀드렸지만, 제가 세상에서는 교육학도 했지만, 너무 다르다. 이것은 내가 좀 접해볼 만하다. 그래서 시작된 거죠. 그래서 그때가 아이들은 아직 어리고 나는 누군가와 소통을 해야 하는데 별로 통하진 않고. 그래서 힘이 들고 하니까 교회에 가서

그런 것을 듣다 보니까. 〈진미정〉

그때 많이 힘들었어요. 몸으로도 힘들고, 마음으로도 힘들고, 남편이 거제도에 있어서… 마음이 외롭고요. 〈윤정아〉

스스로의 의지에 의해서 살기가 버거울 때, 어떤 힘에 의해서라도 살아가고자 하는 의지를 가지면서 종교생활을 하는 것 같아요. [중략] 열심히 한 것은 대학시절과 결혼한 후에. 근데 참으로 제가 신앙이 깊어진 것은 결혼 이후에요. 대학 때에는 형이상학적 믿음. 체험하지 못했던 것을 책이나 설교 등을 통해서 알게 된 것이구요. 이성으로 아니면, 지식을 통해서라면, 결혼을 한 후에는 현실이잖아요. 내가 이념화했던 것을 현실에 적용했던 게 결혼생활이었던 것 같아요. 그래서 그때 제가 이념화한 것의 허를 많이 본 거예요. 이런 삶을 실지로 내가 겪어보니, 너무 차이가 큰 거예요. 살아보지 않은 것을 이념화한 것에 허를 많이 느낀 거예요, 결혼 생활에서. 그러면서 참 신앙을 더 많이 느낀 거죠, 내가. 나의 부족함을 많이 깨달았고. 많이 이념화했던 종교적 관념이 결혼해보니 교만이다. 결혼을 해보니까 내가 나의 부족함을 못 느끼고서 생활했었구나 생각이 되었어요. 〈박미경〉

믿음이 강하게 왔던 것은 결혼하고 나서예요. 어떤 모든 것들이 다 계획되었다는 게 확 왔어요. 사람이 하려면 할 수 없었던 게.

너무나. 신랑이랑 연애를 10년이나 했는데 결혼을 왜 이때 했었어야 했지? 그게 한꺼번에 느껴졌던 게… 결혼하자마자 그러니까. 그동안 이 자리를 두고 기도했던 게 너무 느껴지는 거예요. 아 이게 맞구나! 내가 선택해서 다녔던 게 정말 사람이 생각해서가 아니라 분명히 있구나! 하고 느낀 게 그거인거죠. 〈임선희〉

2년 동안 교회에 다녔는데 다니면서 특별하게 내가 몸이 아파서 의지하고 싶은 곳이 있었으면 했는데…. 〈민진석〉

위의 여섯 명의 교인들에게는 신앙생활을 하게 된 계기가 인생에 있어서 많이 외롭고, 힘들며, 불안하고, 자신의 능력으로는 바꿀 수 없는 상황이었으며, 이러한 상황을 하나님에게 의지하며 견뎌내었다. 반면, 나머지 여섯 명의 교인들이 신앙생활을 하게 된 계기는 부모님〈강준영〉, 배우자〈최은진, 정지훈〉나 가까운 친척〈나민아〉이나 친구〈신유경, 한수진〉가 교회에 다녀서 자연스럽게 기독교를 접하고 신앙생활을 시작하게 되었다.

한 10년 전부터 교회를 다닌 것 같아. 처음에는 남편이 교회에 다니다가 돌아가셨거든. 그때부터면 한 13년 되네. 그리고 아들네가 교회에 다닌다고 하니까. 그리고 남편이 돌아가신 다음부터는 내가 계속 믿음을 가졌으니까. 〈최은진〉

대학 때에도 교회도 가고 성당도 갔지. 대학을 객지에서 다녔잖아. 대구에서. 수녀인 친구 따라서 성당에 갔었지. 나는 친구의 영향을 받아서 간 게 아니고 내 마음속에 있는 성당이라는 이미지 때문에 갔을 거야. 교회보다는 성당이 조금 더 경건하다고 그럴까. 〈신유경〉

어렸을 때 기억나는 것은 외국에서 부모님이 교회에 다니셔서 같이 교회를 갔습니다. 그냥 교회는 자주 갔던 것 같아요. 그리고 한국에 돌아와서 ㅇㅇ교회에 다녔구요. [중략] 좀 더 많이 의존하게 된 것은 힘들 때. 힘들고 문제 있을 때. 수능 볼 때. 딱히 어려움이 없었던 것 같고요. 조그맣게, 잔잔한 것. 시험이 있다거나, 인간관계를 위해서나. 〈강준영〉

외가댁이 할머니와 이모부, 이모 모두 워낙 독실하세요. 할머니도 매일 새벽기도하시고, 독실한 신자여서 자연스럽게 접하게 된 것 같아요. 저희 집은 외가만큼 독실하지는 않은데, 이모 댁에 가면 항상 교회에 가야 되고, 그렇게 자연스럽게 접하게 되었고. 초등학교 6학년 때 뉴질랜드로 어학연수를 갔었는데 뉴질랜드에서 기독교 초등학교에 갔어요. 거기에서 한국인 선생님께서 저를 보살펴 주셨는데 주일에는 매일 오라고 하셔서 교회에 같이 가고. [중략] 뉴질랜드에서부터 교회에 꾸준히 나갔어요. 〈나민아〉

아내를 만나서 다녔죠. 아내와 3년 정도 다녔고, 세례는 아직 안
받았고요. 가긴 했지만 믿는 마음은 없었어요. 경험 삼아서. 아니
면 느낌이 좋으면 다닐 생각이었죠. 〈정지훈〉

다니다 말다 하다가 고등학교 들어가면서 같은 학교 선배의 어머
니가 목사님이셨어요. 교회를 개척하셨어요. 한 번 오라고 하셔
서 갔는데, 그때를 계기로 계속 다니게 되었어요. 그때부터 하나
님을 인격적으로 만나서, 신앙생활을 시작하게 되었지요. 그때
는 되게 열심히 다녔던 것 같아요. 〈한수진〉

2. 나의 내면보다는 타인을 위한 신앙생활

소속했던 신앙생활이 나의 내면보다는 타인을 위한 신앙생활
같았다고 표현한 교인들이 있었다. 교인들 전원에게서 보여진
주제는 아니었으나 다수〈진미정, 윤정아, 임선희, 민진석, 정지훈〉가
언급한 내용이다.

이에 포함되는 주제들은 '강요된 공동체생활, 강요된 봉사활
동, 강요된 성경공부, 내면은 돌보지 못함, 역할에 무의미함'이
다. 교회나 성당에서의 생활이 자신의 내면을 돌보며 평안에 도
움을 주었다기보다는 그곳의 공동체 생활과 봉사활동을 하면서
압박감과 의무감이 부담으로 느껴졌다. 이는 하나님을 알아가면

서 하는 자신을 위한 신앙생활이 아니라, 타인을 위한 신앙생활로 여기게 하였다고 이야기한다.

새가족부에서 활동하고, 또 권사님이 성경공부 하는데 간부로 들어오라고 그래서 1년을 했는데, 이상하게 그런 활동이 저를 기쁘게 하지 못하더라구요. 활동인거지. 그 활동에서도 내가 이 정도의 선을 지켜야지. 체면 때문에 내가 여기서 뭔데⋯ 이런 어떤 감투를 하나 덮어쓰다 보니까 실제로 나의 어떤 깊은 것을 만나기보다는 다른 사람들을 위해서 내가 신앙생활을 하는 것 같은. 〈진미정〉

3년 정도는 열심히. 왜냐하면 내가 세례를 받자마자 반장이 되어서. 책임을 부여해서 어쩔 수 없이. 근데 저는 성경을 몰라요. 지금도 몰라요. 그리고 역사도 몰라요. 그리고 사실은 절대자가 하나님이라는 것도 아직은 모르겠어요. 그런데 구역장이 바뀌면서 이 구역장은 계속 뭔가를 요구하는 거죠. 이렇게 해 달라. 저렇게 해 달라. 근데 똑같은 것을 요구해도 기분이 나쁜 거죠. 〈윤정아〉

뭔가를 너무 많이 하라고 하는 것도 되게 부담이 되는 것 같아요. 봉사든 뭐든. 일대일 양육의 마지막 과정이 사역인데, 이런 것들을 할 거예요. 지금 당장 할 수도 있지만⋯ 그냥 조금 단순해졌으면 좋겠어요. 그냥. 현실에서 살아야 하니까. 내 인생에 있어서 균형 잡힌 삶이면 좋겠어요. [중략] 일을 만들어내거든. 불필요한 일을. 일을 위한 일을 만드는 것이 아니라 정말 단순하게. 결국에는 그런 쓸데없는 일을 만드는 것이 하나님이 바라는 것도 아닐 거야. 온전하게 내가 나의 삶을 사는 것. 〈임선희〉

사람들을 만났을 때 뭔가 좀 편안하고, 공동체가 생각하는 이상이 같아야 하는데… 내가 안 나가면 소속할 수 없을 것 같은. '꼭 해야 한다. 꼭 나와야 한다. 여기에 나와서 우리랑 같이 해야 하는데 같이 못할 경우에는 너는 교회에서 소외되고' 결국에는 옆으로 밀리는 그런 느낌을 받았죠. [중략] 예배를 드리면서 느낀 것이 내 마음속에 하나님이 있어야 하는데, 마음속에 있는 하나님이 아니라 일반적인 사람들이 생각하는 하나님이었기 때문에 그렇게 절실하게 와 닿지 않았습니다. [중략] 항상 마음속에 뭔가 느껴야 되는데… 마음속에 신의 존재가 느껴져야 되는데, 그 경험을 못했기 때문에 교회에 안 나가게 된 것이겠죠. 〈민진석〉

고등학교는 내가 선택하지도 않았는데 어떻게 보면 성경을 배우고 하나님에 대해서 배우는 거잖아요. 그래서 마찰이 있었지요. 교목과. 우리가 성경을 시험도 보고 했으니까요. 말도 안 되는 거지. [중략]

성경에 대해서는 나도 많이 생각을 했던 것 같아요. 고등학교, 대학교, 지금. 그러니까 10년은 넘은 거니까요. 아직까지는 믿음보다는 거부반응이 더 심한 것 같기는 해요. 일단 고등학교에서 시험을 본다는 게 말이 안 되었던 거지요. 믿음이 전혀 없는 사람한테 하나님의 존재를 믿느냐? 처음부터 나 같은 경우에는 더 안 좋았던 것 같아요.〈정지훈〉

하나님에 대해서 좀 더 알아가고, 마음속에 하나님을 느끼며, 믿음이 생기기 전에 타인에 의해서 강요된 공동체 생활, 봉사활동은 오히려 〈윤정아, 민진석〉이 그 교회나 성당을 아예 떠나게 되는 이유가 되기도 하였으며, 〈정지훈〉은 기독교 고등학교에서 강요된 성경공부로 인해서 오랫동안 교회에 대해서 편견을 가지게 되었다. 또한 〈진미정〉은 내면의 갈급함에 좀 더 귀 기울이고 싶었지만, 맡은 사역들로 본인의 내면은 돌보지 못한 채, 역할을 감당하는 것에 무의미함을 느끼게 되었다고 하였다.

3. 안내, 기도와 말씀은 신앙의 발판

소속했던 신앙생활에서 가졌던 안내, 기도, 말씀은 거의 모든 교인들에게 신앙의 발판을 다지게 하였다. 이와 관련한 다섯 개의 주제는 '도움주신 분들, 꾸준한 성경공부, 나누고 기도, 학교의 채플시간, 직장의 채플준비'이다. 교회로 안내한 분들과 성경공부, 기도 등을 함께한 분들 그리고 그 과정에 대해서 거의 모든 교인들이 이야기하였다. 처음 신앙생활을 하면서 도움 주신 분들은 가까운 친구, 친척, 지인, 교회의 선생님, 집사, 권사, 장로, 부목사, 목사 등으로 다양하게 나타났다.

처음 성경공부를 접하면서 '겉돌지 않고 교회 안으로' 들어가도록 도움을 받은 〈진미정〉과 마찬가지로 〈이진호〉에게도 꾸준한 성경공부가 도움이 되었고, 지금도 그에게 '그 분위기가 남아 있다.' 다른 교인들과는 달리 교회에 불참석하며 신앙을 유지해 오다가 최근 3년 전부터 교회에 출석하며 신앙생활을 하고 있는 〈임선희〉도 일대일 양육 과정을 통해서 성경공부를 하고 있으며, 교회에 참석하기까지 '끊임없이 교회로 안내하는 누군가가' 있었다.

처음에는 누가 나를 붙잡아주지 않으면 겉돌 수도 있었는데, 그 부목사님이 저희 집에 심방오시면서 "한번 성경공부를 해봐라" 하고 권하기 시작하면서 교회 안으로 들어가기 시작했고, 그때 저의 신앙에 맞는 분들이 이끌어 주셨고 또 공부하면서. 〈진미정〉

처음 기억이 나는 인물은 미국에서 처음 나를 교회로 인도했던 사람이 기억이 나고, 거기서 만났던 장로도 기억이 나요. 성경공부를 같이 했었고. 그리고 돌아와서 나에게 세례를 주었던 목사도 생각이 나고. 그런 계기를 나에게 준… 도움을 주었지요. 돌아보니까, 지금까지 내가 여기에 있게 된 과정이었던 것 같아요. 같은 믿음을 가진 분들이 나를 도와준 거지요. [중략] 미국인 교회에도 다녔는데, 그곳에서 Bible school을 1년 정도 다녔어요. 거기 평신도학교에서 성경공부를 많이 하게 되었지요. 오전에 3시간 정도 수업을 들었는데, 영어로 하는 수업이었지만 그래도 그때 성경을 처음부터 끝까지 훑어보게 되었어요. 그때 나에게 도움을 주었고 그때 분위기가 나한테 많이 남아 있어요. 〈이진호〉

이상하게 내 주변에 나와 친하게 지내셨던 어떤 업체 여사장님이 계셨는데, 그분도 되게 독실한 기독교인이셨어요. 그분이랑 같이 기도원에도 갔었으니까요. 끊임없이 나를 교회로 안내하는 누군가가 있는 듯한 느낌… 언니, 신랑, 친구, 거래처 사장, 양육해주셨던 분, 시어머니. [중략] 지금은 예배보고, 일대일양육 받고, 일대일양육이 얼마 전에 끝났어요. 일주일에 한 시간씩. 큐티는 매일 하고. 〈임선희〉

또한 〈박미경, 진미정, 민진석, 강준영, 나민아, 한수진〉에게는 힘든 상황에서 함께 모임을 가지고 자신의 처한 상황을 나누고 기도하면서 힘을 얻기도 하였다.

천주교에서는 반모임, 구역모임 같은 게 있잖아요. 제가 너무 힘들 때에는 우리 집에 와서 기도도 해주시고 그랬어요. 서로 힘을

많이 실어주려고 애를 많이 썼죠. 기도생활을 하는 거죠. 거의 다 말하고. 〈박미경〉

그리고 교제도 중요했잖아요. 그 안에서 좋은 분들을 많이 만났었어요. 그래서 공급도 받고 또 셀모임도 하면서 나의 힘든 부분을 나눔도 하고 그러면서 신앙의 발판이 다져졌던 부분들. 권사님들, 새가족부 등의 리더들이 그때 저를 이끌어주시지 않았다면… 그 수준에 맞는 이끌림. 그게 있었기 때문에 또 이어진 성숙이 된. 〈진미정〉

목사님이 내가 아팠을 때 집에 와서 간혹 기도를 해주셨는데… 기도를 해주실 때 '고맙다'는 생각을 했었습니다. 목사님의 설교 내용도. 물론 내 건강 때문에 와서 해주셨지만, 나름대로 저희 집에 와서 기도해 주실 때에는 상당히 고맙게 느꼈습니다. 〈민진석〉

친구 중 한 명이 되게 독실한 기독교인이어서 그 친구를 보면서 '저럴 수도 있구나!' 그리고 고등학교 때 교회 선생님도 되게 좋았죠. 고민 있으면 잘 말씀해주시고, 기도도 되게 많이 해주시고 했던 것 같아요. 〈강준영〉

대학생들과 좀 연령 높으신 30대 초반 신자들이 모여서 얘기 나누고, 성경 말씀 나누고 기도하고, 모임은 편안했어요. 제가 자주 못가서 엄청 친밀하지는 않았지만, 그래도 좋았어요. [중략] 이모부, 뉴질랜드에서 도와주신 선생님. 교회 집사님들이 도와주셨어요. 〈나민아〉

고등학교 때 선배의 어머니. 고등학교 3년 동안 굉장히 기도도 많이 해주시고. 정말 저희 엄마처럼. 네… 그렇게 많이 저를 돌봐주시고. 캐나다 교회를 갔을 때는 거기 목사님이. 제가 케어를 많이 받은 것 같아요. 그리고 거기서 만난 친한 동생이 있는데, 그 동생이 서로 중보하고. 지금까지 되게 친하게 지내는데, 신앙 간증을 할 게 있으면 서로 나누고 서로 중보하고. 〈한수진〉

이러한 양육이 대부분의 교인들에게는 교회를 다니면서 교회에서 먼저 이루어졌지만, 〈정지훈〉의 경우에는 교회에 다니기 전에 다녔던 기독교 고등학교와 대학교에서 채플시간을 통해서 성경 말씀을 접하게 되었다. 마찬가지로 〈민진석〉의 경우에도 교회에 참석하기에 앞서, 25년간 선생님으로 근무하고 있는 기독교 고등학교에서 먼저 성경을 접하였고, 본인의 설교를 위해서 성경공부를 하게 되었다.

고등학교가 미션스쿨이어서 고등학교 3학년, 대학에서도 채플 시간이 있었지요. 그리고 아내를 만나서 다닌 것. 〈정지훈〉

저희 학교에서 교사생활 25년차인데, 1년에 한 번씩은 본인이 직접 예배를 해야 되는 경우가 있어요. 그런 경우 찬송가도 외우고, 성경구절도. [중략] 성경구절을 인용해서 했을 때 나름대로 성경공부를 1∼2시간 미리 합니다. 〈민진석〉

4. 형식을 통해서 내용을 채울 수 있는 vs. 형식에 내용이 담겨있다면

교회의 예배나 공동체 모임, 구역 예배 혹은 순모임에 대해서 그러한 '형식'을 통해서 내용이 채워졌다는 긍정적인 의견과 그러한 형식에 좀 더 내용이 담겨있었다면 하는 아쉬움을 표현하는 부정적인 의견들로 나뉘었다.

이야기된 여섯 개의 주제는 '예배의 설교에서 많은 힘을 얻음, 초신자에게 필요한 예식, 예배에 힘쓰라, 세상과 다른 셀모임, 예배에 대한 실망, 참 실체를 가르치지 못함'이다.

〈윤정아, 임선희, 강준영, 정지훈, 한수진〉은 교회의 '형식' 중에서 특히 예배의 '설교'에서 많은 힘을 얻고 배운다고 하였다. 그래서 〈윤정아〉는 성당에 나가지 않는 요즘이지만, 힘든 일이 생기면 미사에 가고 싶은 마음이 들곤 한다.

가끔 힘들 때에는 미사에 가고 싶은 생각이 들어요. 왜냐하면 그

래도 말씀을 들으면 좋으니까. 〈윤정아〉

내가 다음 일주일을 세상에서 싸우는데 뭔가 굉장히 힘을 얻고 가는, 굉장히 힘을 얻고 가는 메시지를 주는, 처음으로 ○○교회에 갔을 때 굉장히 감정적으로도 움직이고 그러면서 일주일을 지내는데 굉장히 힘을 얻고 가는 것 같았어요. 그때부터 교회를 더 열심히. 웬만하면 교회를 매주 가려고 했어요. 매주 가지 못하더라도. 〈임선희〉

대학부 때 목사님이 있었는데 설교를 잘했던 것 같아요. 지금 목사님이 바뀌었는데 이분도 좋으신데, 그때 목사님이 말씀도 되게 잘하시고 배운 게 많았던 것 같아요. 〈강준영〉

설교는 들으려고 했던 것 같아요. 좋은 얘기 있으면 새기려고. 설교는 긍정적인 면이 있었던 것 같아요. 〈정지훈〉

저는 예배드릴 때 설교말씀 들으면서 메시지를 강하게 받을 때도 있고. 〈한수진〉

또한 〈이진호〉는 '교회의 절차나 예식'이 '믿음을 처음 갖는 사람들에게' 필요하다는 긍정적인 의견과 그렇지만 그러한 형식에 내용이 담겨있다면 더 좋을 것 같다는 아쉬움도 동시에 표현하였다. 이와 비슷한 의견을 보인 〈진미정〉도 '예배에 힘쓰라'를 강조하며, 예배의 중요함에 대해서 언급하였다. 그리고 작은 공동체 단위로 예배드리는 '셀모임'이 세상과는 다른 모임으로 '하나님에게 더 가까이 갈 수 있는' 모임이 되면 좋겠다는 아쉬움도 드러내었다.

형식을 통해서 내용을 채워줄 수 있다고 생각을 해요. 모든 교회의 절차나 예식들이 와 닿는 것은 아니지만, 믿음을 처음 갖거나 그런 사람들한테는 내용만 가지고는 할 수 없으니까 형식이 필요할 텐데. 형식에 내용이 담겨있다면 좋겠죠. 〈이진호〉

성경 구절에도 예배를 힘쓰라는 말이 있잖아요. 그 안에서 교인들이 서로 교통하는 부분도 있구요. 그리고 그렇게 모여야지만 그렇게 힘이 합쳐져서 선교도 가고 전도도 하고, 또 그 안에서 아픈 사람이 있을 때, 함께 그 사람을 만져줄 수 있는 교인들이 모이는 것은 굉장히 중요하다고 생각해요. 근데 교인들이 모였을 때 무엇을 할 것이냐? 셀에서 느꼈던 것은 셀모임을 하는데, 어떤 셀모임은 와인을 마시고 영화를 보러가고 그런 것은 뭐… 저는 와인을 마시는 것은 되겠지만, 저는 그 시작이 그런 관계로 만난다면 그런 만남은 세상의 만남에서 얼마든지 만날 수 있는 건데. 그래서 저는 그것은 좀 탐탁지 않은 부분이 있었고. 그리고 정말 교회 모임의 색깔이 어떤지에 따라서 그 사람들이 하나님에게 더

가까이 갈 수 있고… 교회에서는 그래야 하는 것이기 때문에. 그
래서 예배도 중요하고. 〈진미정〉

〈이진호, 진미정〉이 표현한 아쉬움보다 좀 더 강하게 '예배'에
대한 실망을 〈민진석, 박미경〉은 보여주었다. 특히 몸이 많이 아
파서 절실하게 하나님의 도우심을 원했던 〈민진석〉은 예배에 대
한 기대가 컸다. 그는 예배를 통해서 영적인 큰 변화, 마음속에
하나님을 느끼기를 원했지만 이루어지지 않았고 그래서 하나님
은 그에게 여전히 '절실하게 와 닿지 않는' 존재이시다. 〈민진석〉
만큼이나 실망을 표현한 〈박미경〉은 예배나 미사를 통해서 하나
님의 '참 실체'를 일부 목사나 신부가 가르쳐 주지 못해서 이단과
같은 그릇된 믿음에 빠지는 이들이 있는 것 같다고 언급하였다.

너무 내가 예배에 바랐던 것이 컸던 것 같아요. 예배를 드리면 하
나님이 내려오셔서 영적으로 변화시킬 줄 알았는데 그렇게 큰 변
화가 없었어요. 예배를 드리면서 내 마음속에 하나님이 있어야
하는데, 마음속에 있는 하나님이 아니라 일반적인 사람들이 생
각하는 하나님이었기 때문에 그렇게 절실하게 와 닿지 않았습니
다. 〈민진석〉

종교생활을 해도 신도들의 마음을 확 잡아줄 만한 어떤 뭐가 없
는 것 같은 느낌이에요. 이단이 많이 생기고 허상인데도 그거에

쏠려서 간다는 것은 그만큼 지혜가 없는 거잖아요. [중략] 성당
에 갔다 그럼 성당에서 오로지 하느님을 바라보고 다녔어야 하는
데, 하느님의 형체조차를 구분해내지 못한다는 것. 그러니까 '이
단에 갈 수 있다'라는 생각이 드네요. 사실 제가 미사를 열심히
드려서. 미사의 어구는 굉장히 완벽한 기도예요. 한 시간 동안 하
는데, 그것을 하면서도 이단 같은데 가서 활동하는 것을 보면 참
실체를 신부님이나 목사님이 가르쳐 주지 못했던 거고, 종교의
본연의 모습을 가르쳐주지 못했기 때문에 그 사람들이 갈 수도
있는 것 같아요. 〈박미경〉

5. 관계에서 하나님을 찾기는 어려움

교회나 성당에서 가진 관계에 대한 교인들의 표현은 '서열상
의 관계, 믿을 수 없는 관계, 강요하는 관계, 깊지 않아서 아쉬운
관계'이다. 교회에서 가지는 '관계'에 대해서도 긍정적인 입장과
부정적인 입장으로 크게 나뉜다. 긍정적인 입장에 대해서는 〈강
준영, 한수진〉 2명만이 의견을 같이 하고, 대부분은 부정적인 의
견을 많이 보였기에 '관계'에서 하나님을 찾기는 어렵다는 주제
로 묶어 보았다.

교회의 관계에 대해서 첫째, 교회의 구조에 따라 가지게 되는
서열상의 관계와 둘째, 교인들 간의 관계로 나누어서 이야기하

고 있음을 볼 수 있었다. 첫째, 사회의 구조와 비슷한 교회 안의
계급적인 관계에 대해서 다른 나라에 비해서 한국에서 특히 보
이고 있는 것 같다고 느낀다. 이러한 평등하지 못한 교회의 구조
가 믿음을 갖는 데에도 좋지 않은 영향을 줄 것 같다고 우려하는
〈이진호〉는 교회 안의 '평등'을 원한다.

기독교가 너무 세속화된 것 같아요. 기존의 세속화 되었단 말은
시스템 자체가 사회의 피라미드 구조라든가 그 사회의 구조를 그
대로 답습해 온 것 같아요. 뭔가 교회의 제도를 사회가 답습해야
하는데 사회의 제도를 교회 안으로 가지고 와서 영적이어야 할
것들이 사회의 제도와 똑같이… 사회에서 사장 있고, 부장, 과장,
대리 있듯이, 교회에서도 목사, 전도사 그리고 그 밑에 뭐가 있고
또 뭐가 있고. 그런 게 사회의 구조를 그냥 그대로 답습한 게 아닐
까? 과거의 교회는 그랬던 것 같지 않고. 제가 많은 나라의 교회
를 가 보지는 않았는데 미국의 교회와 비교해 보면 한국의 교회
가 상당히 피라미드이면서 계급적인 게 있는 것 같아요. [중략]
교회에 많은 신도, 성도들이 다니겠죠. 그 제도의 영향을 받다보
니까 그 제도가 하나님인 것처럼 인식이 될 것 같아요. 그게 우려
가 돼요. 그건 우리나라만의 특성적인 것이지, 다른 나라의 기독
교는 이렇게 안 되어 있다고 생각하거든요. 그래서 그 제도를 통
해서 신도들이 왜곡된 하나님의 상을 가지지 않을까 우려가 돼
요. 진짜 죽을 때까지 하나님의 진짜 참 모습을 보지 못할 수도

있잖아요. 신도들의 문제가 아니라 그 시스템을 살기 때문에. 그게 안타까운 거죠. 그런 생각이 들어요. 〈이진호〉

둘째, 교인들 간의 관계에 있어서 교회를 다닌다고 해도 사람은 '믿을 수 없다'는 경험을 가지게 된 〈진미정〉. 신자로서 다른 교인들을 '모두 받아주어야' 할 것 같은데 그러지 못하는 자신과 봉사를 강요하는 분위기 속에서 조용히 성당에 다니는 것을 할 수 없는 〈윤정아〉는 아예 나가지 않고 혼자이기를 선택하게 되었다.

사람들과 관계가 나쁘고 그런 것 보다는 그냥 하나님을 만나고 싶은데, 그 안에서는 그것을 찾기가 싫지 않았다. 사람들의 관계에서 찾으려고 하면 할수록 제 안의 곤고함이 더 찾아왔던 것 같아요. 그리고 그 당시 교회 안에서 같이 성경공부하는 그룹이었는데, 그들 중에서 한 분의 남편이 큰 교회에서 재정담당이었어요. 리더였는데, 이 분이 몇 사람한테서 투자를 받았는데, 그 팀장이 대표기도를 하고 야밤에 야반도주를 한 거예요. [중략] 결국은 사람은 믿을게 못 되는 구나. 〈진미정〉

나는 이렇게 단체 생활하는 게 쉽지가 않아요. 그게 힘이 들어요. 그러니까 그게 뭐냐면, 내가 '다 받아줘야 하겠다.' 그런 생각이니까 많이 힘들어요. 별 것도 아닌 것 가지고 막 신경 쓰고, 그러는 게 난 싫은 거죠. 그래서 '그냥 나 혼자 조용히 있겠다.' 이런 거죠. 그래서 그 다음에는 교회에 가려고 등록을 했지요. 그런데 '하루가 멀다'하고 연락이 오는 거예요. 그래서 생활이 안 되는 거죠. 그래서 그게 너무 사람을 귀찮게 하더라고. [중략] 그 사람들과의 마찰이 싫어서 혼자가 되었어요. 근데 혼자이기에는 뭔가 부족한 것 같아요. 말씀도 봐야하고, 혼자 하는 것보다는 여러 사람들이 해야 하는 것도 있어요. 나 같은 사람은 조용히 다니면 될 것 같은데, 옆에 있는 사람들이 가만히 안 놔두죠. 가기만 하면 워낙 봉사할 사람이 적으니까. 〈윤정아〉

〈민진석, 신유경〉도 교회의 교인들과의 관계에 대해서 부정적인 입장이다. 교회에 잘 참석하는 교인들이 그렇게 하지 않는 교인들을 인도하기보다는 오히려 '배척하고', 사회 속에서는 종교가 다른 사람들과 '융화하지 않고', '자신들만을 특별하게' 여기는 교인들을 대하며 실망하고 갈등을 겪었던 경험들을 그들은 가지고 있었다.

교인이 너무 집단적으로 자기편이 아니면, 다시 말해서 교회에 나가는 사람이 아니면 곁에 두지 않고 그런 것을 많이 느꼈어요. 일반적으로 생각할 때 교인이라면 누구나 용서하고 다 끌어안아 가지고 교인을 만들어야 되는데 "교회에 안 나가?" 그런 경우에는 오히려 너 교회 안 나가니까 우리 편 아니야. 오히려 배척하고.

교회는 너희끼리는 잘 뭉치지만 종교가 다른 사람들과는 융화하려 하지 않는. 〈민진석〉

나쁜 짓 많이 하고는 하나님한테서 구원 받으면 천당 간다는 말. 그래서 자기네는 용서 받고 마치 특별한 사람인 것처럼. 그렇게 생각하는 게 틀리다고. 나도 그렇게 생각하지. 기독교인만 사람인 것처럼. 우리나라만 더 그런 것 같아. 〈신유경〉

〈정지훈, 임선희〉는 교인들과의 관계에 대해서 장점과 단점으로 이야기하였다. 관계 속에서 하나님을 느끼기보다는 현재 '삶에 필요한 사회관계'에 도움이 된다는 것과 원하는 만큼 관계를 가지는 경우에는 '소속감'을 가질 수 있어서 도움이 되었다. 그러나 원하는 것 이상을 원하는 관계는 '강압적인 분위기'로 믿음생활에는 도움이 되지 않았다고 한다.

개신교는 조금 더 세련되게 사람들을 만나는 그런 관계. 그런 사회관계는 큰 도움이 될 것 같아요. 불교보다는 더 세련된 느낌. 젊은 사람들도 더 많고, 활동하기도 더 편하고, 노래도 들어가고, 절하고 그러는 것은 아니니까. 단점은 약간은 강압적인 분위기. 교회를 꼭 가야 된다는 그런 느낌을. 대부분의 교회에서는 그러는 것 같아요. 강압적인 것과 경제적인 것과 맞물려서 이용을 하려는 것 같은. 그런 생각을 들게끔 하는 것. 〈정지훈〉

굳이 준비가 안 된 사람한테 등록하고 하세요. 이거는 좀… 내 경우에도 그렇게 안했고. 지금은 그때보다는 안정적이죠. 내가 더 찾으니까. 지금은 내가 그게 편안하고 그래서 되는 거지. 옛날에는 시간이 항상 부족하다. 그래서 신앙생활이 우선순위에서 밀렸던 것 같고, 지금은 우선순위가 좀 바뀐 것 같고. 지금은 어차피 우선순위가 생겼기 때문에 뭔가 좀 더 '안정적이다'라는 것. 그리고 좀 더 소속감이 생겼다. 그리고 우리가 좀 더 연루를 하면 단점도 있을 것 같지만 지금은 그것을 안 하니까 단점은 없는 거죠. 〈임선희〉

〈강준영, 한수진〉은 다른 참여자들에 비해서 비교적 교인들과의 관계에 대해서 긍정적인 입장을 표현하였다. 그 관계가 생각만큼 깊지 않아서 아쉬움은 있지만 그래도 갈등 없이 무난하게 생활했던 〈한수진〉과 어려서부터 교회의 친구들과 친밀하게 지내며 예배는 빠지더라도 축구나 다른 봉사 활동을 통해서 꾸준하게 교제하는 강준영은 참여자들 중에서 유일하게 크게 만족해한다.

청년부 모임은 마음에 들었는데 생각보다 나눔이 깊지는 않아서 조금 아쉬움이 있었어요. 관계에서 딱히 갈등을 겪은 것 같지는 않아요. 어떻게 보면 중심에 있지 않아서 그런지 약간 방관자적 입장이기도 하고. 그래서 갈등을 겪은 적이 없었던 것 같아요.

〈한수진〉

교회에서 교제는 그냥 되게 좋은 것 같아요. 단점은 딱히 없고, 사람들이랑 그냥 되게 친해지고 사람들이랑 더 친해지고. 친구들도 많이 생기고. 전혀 문제도 없고, 되게 좋았던 것 같아요. 〈강준영〉

6. 하나님의 말씀이 저것이었을까?

여섯 번째 주제 묶음에서는 제목에서 느껴지듯이 교회나 성당에서 교인들에게 주는 가르침이나 활동이 과연 하나님이 원하시는 것, 혹은 방법인지 교인들로 하여금 의문을 갖게 하는 다양한 주제들을 모아 보았다.

이에 포함되는 일곱 개의 주제는 '하나님 말씀 그대로, 기독교 본래의 정신으로, 봉사하는 교회로, 사회를 위한 교회로, 소외받는 이들에게 도움을 주는 교회로, 나의 삶을 살게 해주는 교회로, 존중하는 교회로'이다.

교회와 성당의 예배나 미사를 통한 설교가 삶에 유익하고 도움을 준다는 이야기들을 앞의 네 번째 주제 묶음에서 보여주었다. 그러한 긍정적인 측면이 있는 반면 목사나 신부의 설교를 통한 가르침의 내용이 과연 하나님이 원하시는 내용인지 반감을 느끼고 아쉬움을 표현하는 교인들이 있었다.

〈이진호, 민진석, 박미경, 윤정아〉가 이러한 아쉬움을 드러내며 이야기한 주제들은 '하나님 말씀그대로', '기독교 본래의 정신', '봉사하는 교회', '사회를 위해 존재하는 교회', '소외받는 이들에게 지팡이가 되어주는', '종교의 본연의 모습', '나의 삶이 뒷전이 아니라 나의 삶을 살게 해주는'이다. 이러한 주제들을 '기독교 본래의 정신'으로 요약해보았다.

여기에서 이야기하는 기독교 본래의 정신은 〈이진호〉에 따르면, 현실적인 삶이 부추기는 물질적 추구와 함께 가는 것은 아니다. 하나님을 잘 믿고 따라서 물질적인 또는 보이는 축복을 받도록 부추기는 가르침이 아니라, 이러한 추구에 비현실적일지라도 그러한 추구를 오히려 반대하고, 절제하라는 내용이 하나님이 원하시는 뜻이라고 〈이진호〉는 생각한다.

소금이어야 된다고 생각을 하는데 그런 기능을 과연 하고 있는지 생각하게 돼요. 아까 이야기한 것처럼 세상의 소금이 되기 위해서는 세상하고 똑같이 되면 안 되거든요. 세상하고 반대로 가야 되는데. 사회 제도, 경제, 문화 모두를 교회에서 답습을 하고 신봉을 한다면 세상의 소금이 아니라 세상의 양념. 세상의 양념이 되면 안 된다고 생각하거든요. 성경에도 세상의 소금이 되라고 했지, 세상의 양념이 되라고는 안 했지요. 소금의 기능을 하기 위해서는 원래 기독교 정신, 본래의 정신으로 돌아가야 할 것 같아요. [중략] 소금과 같은 이야기를 해야죠. 부자가 천국에 들어가는 것은 낙타가 바늘구멍에 들어가는 것처럼 힘들다. 그러니 부자가 되면 안 된다. 그렇게 탐욕스럽게 돈을 벌면 안 되고, 검소뿐만 아니라 버는 것 자체도 자제해야 한다고 이렇게 가르쳐야 하지 않을까요? 물론 그게 현실적으로 안 맞지요? 그죠? 근데 그게 소금의 역할이죠. 현실적으로 안 맞더라도 하나님의 말씀을 그대로 가르쳐야죠. 〈이진호〉

〈민진석〉에게 기독교 본래의 모습은 봉사하며, 소외받는 이들을 도우며, 사회를 위해서 존재하는 것이다. 그러나 그에게 개인적으로 비춰지는 교회의 모습은 이러한 사회를 위한 존재와는 다르다.

작은 교회이면서 봉사할 수 있는 그런 교회가 더 훌륭하지. 기업화가 되어 있는 것 같아요. 그래서 '아! 이건 아닌데.' 그런 생각을 해요. 교회는 정말로 교회가 존재한다면 사회를 위해서 존재해야 되는데, 요즘 교회들은 요즘 신앙은 사회를 위해서 존재한다고 생각하지 않습니다. 개인적인 생각이라서 보편화된 생각은 아니고. 교회는 작고 정말 어려운 사람, 사회에서 소외받는 사람을 위해서 그런 사람들을 위해서 지팡이가 되어 주어야 하는데, 요즘 그런 교회는 별로 못 보겠어요. 요즘 교회에 글쎄⋯ 옛날에는 교회에 거지들이 많이 갔다고 하는데, 거지들이 많이 가는 게 아니라 좋은 차 타고 좋은 양복 입고 좋은 백 들고 아줌마들이,

아저씨들이 뽐내고 가는 그런 느낌. 그런 느낌 많이 받았어요. 봉사가 떨어지는 그런 느낌입니다. 〈민진석〉

기독교 본래의 정신에 대해서 〈이진호〉가 물질적인 것의 추구에 대한 절제를 이야기하였고, 〈민진석〉이 소외받는 이들을 위한 봉사를 이야기한 반면, 〈박미경〉은 가까운 이들, 즉 가족과의 평안과 지혜에 대해서 이야기하고 있다.

하느님을 하느님으로 보지 못하는 그 지혜는 헛 믿음을 갖는 것 아녜요? 우리 올케도 보자면, 부활절 때 거기 제천에 간 거예요. 2박 3일을. 매달 한 달에 한 번씩 가는 날이지만, 보통 우리가 상식적으로 생각하면 부활은 가족과 함께 예수님의 부활을 축하하는 날이잖아요. 거기에 간 거예요. 그 자체만으로도 그 본질에서 너무 많이 벗어난 거죠. 사실. 그걸 하면서도 자기가 거기 가서 미사하는 게 잘못된 줄을 모르는 거예요. 요즘은 '본질에서 많이 벗어난다'라는 생각이 많이 들어요. 본질은 가까운 곳의 사람들과 함께 평안한 거죠. [중략] 여기 있는 자식과 남편을 두고 하느님을 모시라고는 하지 않을 것이라는 거죠. 사실은 가족이 가장 큰 힘이고 원동력이잖아요. 가족이 멀쩡해야 사회가 멀쩡하고 사회가 멀쩡해야 국가가 멀쩡하지 않겠어요? 가족이 병들고서 뭐가 되겠어요? 〈박미경〉

〈이진호, 민진석, 박미경〉이 교회와 성당에서의 가르침에 대해서 하나님의 원하시는 뜻과 말씀이 무엇인지 각자 나름대로의 의견을 펼친 반면, 〈윤정아, 임선희〉는 교회와 성당에서의 활동에 대해서 하나님이 원하시는 것이 과연 무엇인지 나름대로의 의견을 이야기하였다.

〈윤정아〉는 앞에서 이미 성당에서 믿음을 갖기도 전에 처음부터 강요된 봉사로 인해서 성당 나가던 것을 그만두었다고 언급했었다. 그러한 그녀의 경험을 근거로 그녀가 생각하는 하나님의 뜻과 말씀은 자신의 가정과 삶보다도 종교 활동을 우선시하기를 강요하는 것이 아니다. 항상 자애로우신 하나님은 그녀의 '삶이 뒷전이기를 바라시는 분이 아니라', '그녀의 생활을 하게 해주시는' 분이시다. 그리고 이와 비슷한 의견이 〈임선희〉의 이야기에서도 드러났다. 하나님이 바라시는 것은 일을 위한 일을 교회나 성당에서 만들어내어 교인들을 강요하는 것이 아니라 오히려 '단순하게' 그리고 '온전하게 나의 삶을 사는 것'이다.

따라서 〈윤정아, 임선희〉의 의견에 근거하면, 필요 이상의 종교 활동보다는 '단순한 활동과 온전하게 나의 삶'을 사는 것이 하나님의 뜻이요 말씀이다.

하나님은 항상 자애로운 존재 같아. 그것을 바탕으로 나의 생활을 하게 해주는. 나의 생활이 뒷전인 것은 아닌 것 같아. 〈윤정아〉

난 다른 것에는 기쁨을 느낄 수 없으니 90% 이상을 교회에 한다. 그런 것들이 강요되거나 그러지 않고 봉사활동도. 사람을 모으겠지. 항상 사역이 많아지잖아. 회사에서도 보면 일이 일을 만들어내거든. 불필요한 일을. 일을 위한 일을 만드는 것이 아니라 정말 단순하게. 결국에는 그런 쓸데없는 일을 만드는 것이 하나님이 바라는 것도 아닐 거야. 온전하게 내가 나의 삶을 사는 게. 그냥 아주 심플하게 하고 예배를 드리는 게. 정성이 들어가고 또 뭔가가 만들어지고 그건 좀. 〈임선희〉

마지막으로, 〈진미정, 정지훈〉의 이야기는 교회의 인도, 선교에 대한 하나님의 뜻과 말씀이 과연 무엇인지 생각하게 한다. 〈진미정〉은 15년 동안 신앙생활을 해왔고, 13년 동안은 교회 출석도 꾸준하게 하였으며, 교회 활동도 적극적으로 열심히 했고, 신학도 관심이 있어서 공부를 한 경험이 있다. 현재 본인은 2년 동안 집에서 몇몇 지인들과 예배를 드리고 있고 그것에 만족해하지만, 처음 기독교를 접하는 친구는 교회로 안내하고 싶어서 교회에 친구와 함께 가서 예배를 드렸다. 본인은 다니는 곳이 있고 친구의 안내를 위해서 왔다고 방문한, 한 교회에서 환영해 주시는 분들에게 말씀을 드렸음에도 교회에 계속 나오라는 독촉하는 전화를 여러 번 받은 경험이 있다. 그녀는 심히 불편한 마음을 가지게 되었고, '그분들이 정말 나의 영혼을 위해서인지, 아니면 교인을 늘리기 위해서인지' 생각해 보게 되었다.

나름대로 열심히 신앙생활을 해왔고, 지금도 하고 있다는 생각에 본인의 신앙생활에 대해서 '존중'하지 않고 무조건 '그 교회에 와야 된다'는 그들의 안내하는 태도가 과연 하나님의 뜻과 말씀에 합당한지 생각해 보게 되었다.

이러한 강압적인 태도의 안내와 선교에 대해서 〈정지훈〉도 비슷한 경험을 가지고 있다. 필자 본인도 교회에서뿐만 아니라, 교인들 간에 그리고 선교하고 싶은 사람들에게 아무 부담 없이 '인도'라는 단어를 사용했었고 지금도 사용하고 있는데, 〈정지훈〉에게는 이 한 단어조차도 부담을 주는 강압적인 어감의 단어이다. 기독교 문화에서는 쉽게 자주 접하는 용어들이 우리 신자들은 깨닫지 못하지만, 다른 이들에게는 불편감을 줄 수 있다는 것이다.

사연이 있어서 못 간다고 말씀은 드렸는데 그런 부분에서 '저 분의 목적이 뭔가?' 이 사람의 영혼을 위해서인가 아니면 자기네 교인 숫자를 하나 더 늘리는 건가? 그런 불편함이 있었어요. 우리가 봤을 때 어느 정도 신앙의 성숙도가 있다면 그것을 믿어주고. 친구 때문에 거기에 간 것이지 내가 가려고 그런 것은 아닌데… 자꾸 대형 교회는 너무 사람을 한 묶음으로 본다는 것. 한 사람, 한 사람의 레벨을 봐서 이 사람에게는 단단한 식물을 주어야겠다. 아니면 어린아이의 음식을 주어야겠다. 이것보다는 '그 교회에 와야 된다.' 그런 것을 느꼈어요. 물론 그분의 취지는 그

게 아니었을 수도 있는데. 〈진미정〉

인도라는 말. 가장 부담스럽게 오는 말. 믿음, 인도, 이런 말들. 강압적으로 하는 것이 부담스럽다. 〈정지훈〉

7. 하나님을 구심점으로 가족이 하나 됨

위의 주제 묶음에 포함되는 세 개의 소주제는 '아내와 함께, 하나님을 중심으로 하나 되길 원함, 본질은 가까운 이들과 평안' 이다. 교회에 함께 나가고, 신앙생활을 가족이 함께하면서 그 가족의 구심점이 이미 '하나님'인 교인들도 있었고, 본인은 아직 그리 믿음이 확고하지 않아서 가정의 구심점이 '하나님'임을 경험하지는 못했지만, 그러한 경험을 긍정적으로 생각하는 교인들도 있었다.

〈이진호〉는 전자의 경우에 속한다. 현재 비록 혼자서 주중에 점심시간을 활용하여 회사 근처의 교회에서 혼자 기도하고 말씀 보고, 암송하는 것으로 신앙생활을 이어가고 있지만, 아내가 교회에 가는 것을 좋아해서 함께 교회에 참석했던 것도 편안하고 좋았던 것으로 기억한다. 그렇기 때문에 아내도 자신의 신앙생활 영향으로 교회에 불참할까 봐서 조금 염려도 하는 그이다.

그래서 요즘은 비록 주일에 예배에는 참석하지 않더라도 가

끔 교회 근처까지 아내를 데려다주고 있다. 본인은 자신의 신앙
생활에 만족하고 믿음은 확고하지만, 자신과 같은 신앙생활을
아내가 하는 것은 원하지 않는다.

> 아내가 교회에 가는 것 좋아했고, 그래서 나도 좋아했고 편안했
> 고요. 〈이진호〉

〈임선희〉의 경우는 결혼하기 전에 불교인 친정 부모님의 영
향으로 '하나님을 구심점'으로 하나가 되는 경험은 하지 못했었
다. 결혼 전후에 시댁 식구들의 신앙생활을 보고 많은 것을 느꼈
다. 특히 기도하는 시어머니에게서 좋은 인상을 받았고, 그래서
몇 년 전에, 결혼한 후에는 남편과 함께 교회에 등록하고 정기적
으로 교회의 예배와 양육과정에 참석하고 있다. 이렇게 '하나님
이 구심점으로 하나가 되는 가정'을 그녀는 최근에 이루어 가고
있다.

> 시어머니가 결혼하고 나서도 계속하시는 것은 기도잖아요. 내가
> 너희들에게 줄 수 있는 것은 기도밖에 없다. 듣고 되게 큰 것을
> 느꼈고. 시댁에서 느꼈던 게 되게 크지요. 할머니부터 기도해 온
> 것, 시어머니, 시누이도 그렇고. 〈임선희〉

〈윤정아, 정지훈〉은 후자의 경우에 속한다. 아직은 가족이 하

나님을 중심으로 하나가 되지는 못했지만, 하나가 된다면 큰 힘이 되고 좋을 것 같다고 인정하는 〈윤정아〉와 아직은 본인은 믿음에 있어서 확신하지는 못하지만, 아내가 원하고 아들도 갈 것이므로 자신도 함께하겠다는 〈정지훈〉도 하나님을 중심으로 가족이 하나가 되기를 원하는 듯하다.

가족이 모두 교회에 나가면 좋을 것 같긴 해요. 가족이 하나님이라는 구심점이 있어서 하나 되는 것. 그게 힘이 될 것 같고. 아이들에게 있어서는 활동을 하는 것, 교회나 성당에서 활동을 한다는 것이 그게 도움도 되면서 어떤 선한 모임이라는 사회의 모임과는 다른, 또 선한 목적을 가진 모임에서 생활하는 게 의미가 있고 도움이 될 것 같아요. 〈윤정아〉

아내는 갈 것이고, 아들도 갈 테니까. 가는 것은 찬성. 내가 장점으로 보는 그런 것들. 사회관계, 인간관계랑 어느 정도. 나는 믿지는 않지만 믿음을 가져서 도움이 된다면 오케이. 〈정지훈〉

그리고 그렇게 하나님을 중심으로 하나가 된 가족은 개인에게 '힘이고 원동력'의 역할을 하며, 그러한 건강한 가족이 건강한 사회를 이루고, 또 건강한 사회가 건강한 국가를 이루게 될 것이다. 〈박미경〉이 이미 앞에서 언급한 것처럼 말이다.

본질은 가까운 곳의 사람들과 함께 평안하는 거요. [중략] 사실은 가족이 가장 큰 힘이고 원동력이잖아요. 가족이 멀쩡해야 사회가 멀쩡하고 사회가 멀쩡해야 국가가 멀쩡하지 않겠어요? 가족이 병들고서 뭐가 되겠어요? 그런 생각이 들어요. 〈박미경〉

III.
소속하지 않은 신앙생활

1. 자유로운 시간과 형식의 예배

기독교인의 신앙생활에서 중요하게 여기며, 꼭 지키려고 하는 것은 주일에 예배를 드리는 것이라고 생각한다. 물론 하나님을 믿는 같은 기독교임에도 주일로 여기는 요일은 다소 차이가 있지만, 일반적으로 개신교와 천주교에서 일요일을 주일로 여긴다. 따라서 주일의 예배는 가장 중요하고, 가장 기본적인 예식으로 여긴다.

가나안 교인들은 한 교회를 정하여 꾸준하게 이러한 주일 예배에 참석하고 있지는 않았다. 그러나 교인 개개인이 다양한 방법으로 예배나 예배와 비슷한 형식으로 하나님의 말씀을 듣고,

기도하고, 찬양하는 시간을 가지고 있었다.

구체적으로 살펴보면, '집에서 지인들과 함께, 직장 근처에서, 주중 빈 교회당에서, 교회의 노래교실, 드물게 불특정교회 참석, 혼자 매일 1시간 동안 기도문을 읽기, 집에서 인터넷 예배드리기' 등이다.

〈진미정〉은 한 교회에 적을 두지 않고 2년 전부터 집에서 예배를 드리고 있다. 평일 월요일에 아는 지인 몇 명과 예배를 그녀의 집에서 드리고, 금요일에는 소인원의 청년 몇 명과 예배를 드린다. 그리고 6개월 전부터는 아는 목사님 부부와 또 몇 명의 지인들과 주일에 그녀의 집에서 예배를 드린다. 그 인원도 정해진 것은 아니어서 자유스럽게 인원의 변동이 있다. 한 명이 리더가 되어 예배를 이끄는 것이 아니라 모두가 함께 자발적으로 이끌고 나누는 형식의 예배이다. 2년 전부터 집에서 예배를 드리게 된 것은 해마다 2~3개월은 해외에서 보내면서이다. 그곳에서는 교회를 정해서 다니고 있지만, 한국에서는 여러 곳을 다녀 보았으나 한 곳을 정하여 다니고 싶은 교회가 마땅히 없었다. 그래서 집에서 시작한 예배가 점점 인원도 늘고 예배를 드리는 횟수도 늘었으며, 대형 교회에서는 어려웠던 깊이 있는 교제가 이루어져 지금까지 만족하며 계속하고 있다.

제가 미국에 가면 다니던 교회가 있으니까 거기에 가는데 여기에서는 제가 적을 두지 않고 많은 곳을 다녀봤는데, 그냥 집에서 예배를 드려야 하겠다는 마음이 와서요. 지금 한 2년 이상 그렇게 예배드리다가 반 년 전부터는 미국에서 오신 목사님 부부랑 또 소그룹처럼 모여서 그렇게 예배드리고 있죠. 금요일에 청년들이 와서 예배드리고 또 제가 이끄는 예배 모임이 있고. 월요일에 7명 정도가 주로 저희 집에서 아니면 다른 선생님이 아시는 대형 교회의 한 방을 빌려서 모일 때도 있고요. 성경말씀 보고, 기도하고 찬양하고 기도 제목 나누고요. 또 주일에는 외국에서 오시는 분들이 계시면 많으면 12명, 적으면 또 5~6명 이렇게 늘 같이 예배를 드리죠. 아시는 분들한테 또 예배 여기서 드리니까 오라고 하기도 하죠. 아는 분들이 왔다 갔다 하세요. 그것조차도 아주 자유로운 거죠. 와서 같이 하나님이 부어주시는 그런 기름부음과 사랑 안에서 교제하고 자유롭게 찬양하고. 그리고 목사님 말씀 전하시고 기도 제목 있으면 나누고 그런 거죠. 2~3년 동안 우리 집에서. 〈진미정〉

〈진미정〉이 적극적으로 예배와 교제를 계속하며 신앙생활을 하는 반면, 〈이진호〉는 예배와 교제는 살펴볼 수 없었지만, 생활 속에서 적극적으로 하나님을 느끼고, 말씀을 듣고 순간순간 하나님의 도우심을 구하는 신앙생활을 보여주고 있다. 1년 6개월째, 주일에 교회에 가거나, 교회의 예배에 참석하지는 않지만, 주중 점심시간에 직장 근처의 교회 빈 예배당에서 혼자 하나님의 말씀을 읽고, 묵상하고, 느끼며 평안과 도움을 구한다. 주중에 3일 이상은 이렇게 하나님과의 만남을 갖는 그는 비록 주일 예배에 참석하지 않아도 불안함을 느끼지 않는다. 이러한 개인적인 하나님과의 만남의 시간으로도 하나님이 그와 함께하신다고 믿는다. 주일에 예배드리는 것보다도 정말 본인이 절실하게 하나님의 도움과 지혜가 필요한 순간에 그는 하나님과의 만남의 시간에 의존하고 적극적으로 실천한다. 그에게는 매일의 삶 속에서 하나님을 만나고 실천하는 것이 신앙생활(religious life)이다.

> 요즘은 주일에는 교회에 안 나가요. 주중에 점심시간을 이용해서 많이 가요. 일주일에 세 번 정도. 가면 20분 정도 앉아 있거든요. 나름대로 기도도 하고, 성경도 읽고, 직장 근처에서. 걸어서 가는데 하나님을 내 나름대로 느끼거든요. 일주일에 세 번은 가는 것 같아요. 최소한. 더 많이 갈 때도 있고. 말씀은 주로 내가 좋아하는 구절들을 외우기도 하고, 스마트폰을 찾아봐요. 필요에 의해서 성경도 찾아보고. 하나님을 생각하죠. 많이 도움이 돼요. 나한테는 이게 종교 생활이예요. 내가 보는 종교생활은 영어로 religious life라고 하는데, religious는 형용사고 중요한 것은 life 같거든요. life에서 실천하는 것이 중요하니까. 그래서 생활과 종교를 구분할 필요는 없다. 생활 속에 종교가 담겨있어야 하고, 종교생활이라고 하기는 좀 그럴 수도 있지만, 이것이 나의 생활의 한 부분이고 내가 생각하기에는 상당히 소중한 부분이라

고 생각을 해요. 〈이진호〉

〈이진호〉처럼 주일에 교회의 예배에는 참석하지 않지만, 화요일마다 교회에서 제공하는 경로대학에 참석하여 목사님과 예배를 드린 후에 노래교실에서 노래를 배우며 교제를 가지는 〈최은진〉은 70세 이후에 기독교로 개종을 하였다. 함께 사는 자녀의 가정이 다른 종교를 갖고 있어 교회에 다니지 않기에 가족이 모두 집에서 쉬는 주일에 교회에 가는 것은 조금 부담이 되었다. 그래서 그녀는 화요일에 예배도 드리고, 교제도 나눌 수 있는 경로 노래교실에 참석하게 되었는데 10년 이상 꾸준히 참석하고 있으며 꽤 만족스럽다.

요즘은 항상 화요일에 교회에 나가지. 예배보고 목사님이 기도 드리고, 나는 내 믿음으로 기도를 드리고 그러지. 교회에는 일주일에 한 번 나가니까. 난 ○○교회만 나가지. 예배보고 하는 게 많은데, 노래, 영어반. 나는 노래반을 선택해서 해. 처음에는 예배를 먼저 보고 각자 반으로 다 가. 교회는 되도록이면 안 빠지고 가고. 차가 오지. 모두 노인네들만 오지. 예배는 한 30분 정도 보지. 목사님이 기도하고. 각자가 기도하고. 교회에서 3~4시간은 있게 되지. 교회에 가는 것은 하나님께 가깝게 하고 싶고 내가 인간이니까 100% 잘한다고 할 수 없지. 그런 것도 반성도 하고. 그렇게 하루하루 사는 거지. 가면 좋지요. 〈최은진〉

〈이진호, 진미정, 최은진〉은 일주일에 하루나 그 이상 예배나 혹은 그와 비슷한 시간을 가지고 있었고, 〈임선희, 강준영, 나민아〉는 교회에 한두 달에 한 번 정도 가서 예배를 드리고 있다. 〈임선희〉의 경우에는 교회에 다니고 싶지만 등록하고 꾸준하게 다니기에는 부담이 되었다. 그래서 오랫동안 등록하지 않고 직장 근처의 교회들을 불규칙적으로 드물게 참석하였다. 그 당시에는 직장과 취미생활이 신앙생활보다는 우선순위여서 그러한 신앙생활에 만족했지만, 결혼 후 3년 전부터는 신앙생활에 더 가치를 두고 등록하여 한 교회를 꾸준히 다니고 있다.

> 매주는 못 가더라도 한 달에 한 번. 그 당시에는 일요일에 ○○백화점의 문화센터에서 요리를 배우고 그 길 건너편에 대치동쪽에 교회가 있어서 거기에 다니는 거죠. 예배를 드리고 가든지 아니면 갔다가 예배를 드리든지. 그러면 청년부 예배. 아예 대예배를 드리고 요리하고 집에 오든지 아니면 요리를 배우고 청년부예배를 드리고 가든지. 〈임선희〉

〈임선희〉가 신앙생활보다는 직장생활과 취미생활에 더 비중을 두었다면, 〈강준영, 나민아〉는 신앙생활보다는 대학교 생활에 더 비중을 두고 생활하기에 주일마다 교회에 참석하는 것이 뜸해졌다. 〈강준영〉은 군대를 제대하고 이전에 다니던 교회에 가는 것이 좀 서먹하기도 하고, 교회와 생활하고 있는 대학기숙

사와는 거리가 있어서 주일에 많은 시간을 내기에는 공부 때문에 부담을 느낀다. 근처의 교회를 알아볼까도 생각해 보았으나 행동으로 옮기기에는 쉽지가 않았고, 가끔 예전의 교회 친구들과 축구를 하며 교제를 계속 이어가는 그에게는 교회를 옮기는 것은 썩 내키지가 않는다. 따라서 한두 달에 한 번 정도 예배에 참석하는 그는 교회에 가는 것이 마음이 훨씬 평온한 것을 알기에 요즘의 신앙생활은 만족스럽지가 않다. 〈나민아〉도 함께 교회에 다녔던 이모 가정이 대전으로 이사하면서 혼자서는 교회에 잘 가게 되지 않았다. 〈강준영〉과 마찬가지로 대학생인 그녀에게 학업에 대한 부담감 역시 큰 요인으로서, 거의 2년 동안 명절에 외가댁에 모여서 예배를 드리는 것이 전부이다.

그러다 보니까 제대를 했는데도 교회에 나가기가 힘들어진 것 같아요. 고등학교 다니던 교회를 가도 아는 사람도 딱히 없고 예배를 드리면 깨닫는 게 있긴 했는데 잘 가게 되지는 않더라구요. 그리고 제대하고 1년 좀 넘게 흘렀는데 제대하고 나서 아직까지 잘 다니고 있지는 않아요. 가끔 가는데 가서 말씀 들으면 좋은데 배우는 것도 있고, 한두 달에 한 번. 왔다 갔다 5시간이다 보니까 가기도 힘들고 할 것도 되게 많은데 차라리 그 시간에 그냥 쉬는 게 나을 것 같고. 주중에 너무 바쁘고 하니까 주말에도 할 게 많고. 왔다 갔다만 5시간이지 다 하면 반나절이니까. 교회에 갔다 오면 바로 자야 되고. 학교 앞에 큰 교회가 있긴 한데 새로 옮기기도 그렇고. [중략] 근데 교회에 다닐 때가 마음이 더 편한 것 같아요. 교회에 안 가다가도 가끔씩 가면 그 날은 되게 평온한 것 같아요. 〈강준영〉

안 나가게 된 것은 대학교 3학년 때, 이모 댁이 대전으로 이사하면서. 2학년까지는 꾸준히 갔고요. 명절 때, 설날 때, 다 같이 모이면 아무래도 이모부가 목사시고 하니까. 같이 기도하고. 학기 중에는 거의 못 가고. 2년 정도 잘 못 나가고 있어요. 나갈 때는 그만큼 평안해져요. 좋은 말씀도 듣고 그런데 안 나가면 좀 불편하고 응어리가 풀어지지 않은 뭔가가 마음속에 있는 것 같아요. 〈나민아〉

〈임선희, 강준영, 나민아〉가 직장이나 학업에 좀 더 우선순위를 두어 교회에 드물게 참석하고 있다면, 〈민진석〉은 교회에서 교인들과의 관계에서 느낀 실망감, 본인만 하나님의 임재를 깨닫지 못하는 것 같아서 느끼게 된 소외감으로 교회에 더 이상 참석하지 않는다. 그는 개인적으로 신앙생활을 하려고 노력하지는 않지만, 25년 이상 근무하고 있는 기독교 고등학교에서 의무적으로 참석하는 예배로 인해서 하나님을 의식하며 생활하고 있다.

〈민진석〉처럼 성당에서 관계의 갈등으로 성당 미사에 더 이상 참석하지 않는 〈윤정아〉는 첫 자녀가 수능을 앞두고 종교에 의존하고 싶은 마음은 간절했다. 그러나 하나님에 대한 순수한 믿음에 의해서가 아니라 무언가를 바라는 순수하지 못한 동기와 믿음으로 성당이나 교회에 다시 나가는 것보다는 집에서 매일 혼자 1시간 동안 기도문을 들으며 기도하는 것을 선택하였다. 처음에는 첫 자녀의 수능을 위해서 기도를 시작하였는데, 이후 남편이 회사에서 명예퇴직을 하게 되고 이후에는 3개월마다 재계약을 해야 하는 불안한 상황으로 인해 남편이 기도를 부탁하고, 이후에는 둘째 자녀도 자신의 학업을 위해서 엄마에게 기도를 부탁하여 기도를 계속하고 있다.

그래도 학교에서 예배를 드리고 그러면서 나쁜 짓은 안 하게 되더라구요. 사람의 기본적인 자세, 즉 상식적으로 살아가는데 그런 것들이 도움이 되었어요. 누가 보고 있다면 어떻게 돼요? 행동하기 전에 생각하고 의식을 하게 되죠. 그런 의식이 좀 생겼죠. 〈민진석〉

수능은 다가오는데 애는 힘들어하고 2학년 때보다도 더 안 하고. 자기 나름대로 하는데 공부가 아니라 면접 보고 그런 데에 시간을 많이 쓰니까 공부를 할 수가 없잖아요. 그런 것을 보면서 내가 저 아이한테 해 줄 수 있는 게 뭐가 있을까? 만약에 내가 종교가 있으면 종교에 의지하고 싶은 생각도 많이 들었고. 그래서 옆에서 교회나 성당에 가자고 했는데 갈 수가 없더라고요. 순수한 마음이 아닌 것 같아서. 뭘 바라서 가는 거라고. 그리고 내가 그것을 계기로 해서 계속 간다면 모르지만, 난 지금 너무 절실하지만, 이 시기를 지나고 보면 내가 또 등질 거니까. 그러다가 헬스장에 다니시는 분이 초를 사주고 '성당에 매일 가기 힘들면 100일 기도문이 매일 하나씩 있는데 한 시간 정도 할애해서 아이들을 위해서 해보라구.' 그러는 거죠. [중략] 그래서 그걸 했죠. 그게 며칠 지나고 나서 남편이 직장을 그만두고 일을 하면서 3개월마다 재계약을 해야 해요. 그게 정말 피 말리는 일이죠. 일 년도 아니고 3개월마다 하니까. 그러더니 남편이 어느 날인가 '나를 위해서 기도를 좀 해줘.' 그러더라고요. 3개월이 많이 불안한 거지. 그러다가 몇 달 지나서 둘째가 기말시험이 오니까 둘째가 저를 위해서 기도를 해달라고 하는 거죠. 〈윤정아〉

교인들 중에서 〈박미경, 신유경, 정지훈〉은 현재 예배는 어떠한 형태로든 접하고 있지 않았고, 마지막으로 〈한수진〉은 교회에서 예배를 드리고 싶지만, 어린 자녀와 함께 예배드리는 것이 어려운 여건이어서 주일에 인터넷 예배로 대신하고 있다.

지금 종교생활이 마음에 들지는 않아요. 어떻게 보면 제가 좀 핑계일 수도 있다는 생각, 제가 나태하고 이런 상황에 너무 안주해서 예배 자리로 나가지 않고 있는 게 아닐까 하는 생각이 들기는 해요. 아무래도 마음이 되게 다르죠. 현장에서 현장감을 가지고 집중해서 드리는데 집에서 드릴 때는 애기도 있고 집안일도 있고 하니까 어떻게 보면 되게 집중이 흐트러지고. 집안일을 하면서 어떻게 보면 예배를 드리는 게 아니라 보는 예배. 마음에 불편함이 있죠. 지금은 시간의 구애가 없고 그래서 제가 편할 때에 편한 마음으로 예배를 드릴 수 있는 것 같아요. 또 아이와 같이 있어서 편안한 마음으로 드릴 수 있어요. 교회에서 예배를 드릴 때에는 내가 진짜 하나님께 나의 시간을 드리는구나. 제가 정말 드릴 것은 없지만 시간을 드린다는 신앙 고백이 생기는 것 같죠.

2. 나를 돌아보는 시간으로 평안을 추구

교인들이 나를 돌아보는 시간으로 이야기한 것은 '말씀과 묵상, 기도, 일기쓰기, 기체조와 명상, 기도문과 108배, 음악듣기, 걷기'이다. 첫 번째 주제 묶음에서 소개된 것처럼, 규칙적으로 교회에 참석하지 않지만 대부분의 교인들이 어느 정도의 종교적 형식을 취하고 있음을 살펴보았다면, 두 번째 주제 묶음에서는 개인적으로 평안을 추구하기 위해서 나름대로 행하고 있는 활동이 있음을 살펴볼 수 있다. 이러한 활동으로는 기독교인들이 많이 하고 있는 QT(Quiet Time)로 성경을 읽고, 묵상하며 자신을 돌아보는 시간, 기도, 일기쓰기, 기체조와 명상, 108배, 음악 듣기, 걷기 등으로 나타났다.

이 중에서 가장 많은 인원이 하고 있는 활동은 QT였다. 〈진미정〉은 매일 아침, 저녁으로 시간을 정해서 규칙적으로 하고 있었고, 〈이진호〉는 매일은 아니지만 보통 점심시간을 활용하여 20분 정도 하고 있었다. 성경 한 구절 읽고 5분 정도 묵상하는 〈강준영〉, 〈임선희〉도 매일 출근하는 지하철 안에서 20분 정도 하고 있다.

아침에 일어나자마자 성경과 기도로 시작하고 그 훈련을 힐링센터 다니면서 정말 철저하게 받았어요. 그래서 어쩔 때는 이렇게까지 하지 않아도… 좀 더 자유해졌는데, 전에는 정말 새벽예배도 정말 열심히 다녔는데. 일어나서 기본은 성경책 먼저 들지만, 뭐 어떤 날은 약간 흐트러지기도 하지만. 그것에 대해서 나를 정죄하거나 '내가 이러면 안 되는데' 하는 그런 것에서는 좀 자유해졌어요. 기본은 아침, 저녁으로 기도하고 그리고 늘 성경을 접하려고 노력하고 하루에 한 구절이라도 읽으니까. 그러면서 저의 신앙생활은 결국은 내가 기도해서 거의 많은 것을 이뤄주신 하나님. 거기까지 온 거죠. 〈진미정〉

제가 평온하고 안정된 사람은 아닌 것 같고 흔들리는데, 오전에 사무실에서 머리가 복잡하면, 점심시간에 교회에 가요. 교회에 앉아 있으면 평안하고 그리고 내가 힘든 점을 하나님한테 얘기하죠. '도와주세요.' 그리고 그렇게 말하는 자체가 나에게 위안을 줘요. 교회에 사람이 없거든요. 그 교회에 한 사람도 없을 때가 있어요.

그러면 좋고. 그 자체가 성경을 보면 하나님이 성소라고 하는데. 20분에서 15분 정도 그게 나한테 quiet time이라고 할 수 있을 것 같아요. 그래서 주일에 교회에 안 나가는 것도 있을 것 같아요. 주중에 교회에 안 갔으면 마음이 불안해서 교회에 갈 텐데. 대부분 힘들고 어려울 때 그때 가서 해결을 하니까. 〈이진호〉

혼자 진짜 힘들거나 중요한 일이 앞에 있으면 그때만 기도를 하는 거죠. 성경의 한 구절 읽어보고 '지금의 나와 무슨 관련 있는 말일까?' 생각해 보는 정도. 하루에 한 번. 5분 정도. 기도는 일주일에 한 번 정도. 〈강준영〉

마음의 평안을 얻었던 것은 큐티. 그때도 하루에 말씀은 읽었는데 그때는 잘 몰랐어요. 근데 결혼하고 나서 '이게 중요하구나' 느꼈지만 그전에는 그냥 지하철에서 했어요. 다른 것은 시간 낭비니까. 그때에도 큐티는 되게 도움이 되었어요. 일적으로도 어떤 나침반이 되었어요. 말씀이. '너무 신기하다'고 이런 얘기도 했었지… 시간을 많이 투자해서 명상을 하고 그런 것은 아니지만 나한테 도움을 준거죠. 그게 하루에 15분 정도 하는 것 같거든요. 15~20분. 7년 정도 매일 큐티를 했고. 기도할 때도 있었고. 지혜로워지는 듯한 느낌. 내가 추구한 것도 그런 것 같아요. 똑똑한 게 아니라 약간 현명함과 지혜를. 그걸 난 거기서 찾은 것 같아요. 〈임선희〉

QT 다음으로 많이 하고 있는 활동은 기도였다. QT를 하는 교인들 모두 기도도 함께 하고 있고, 매일 일어나자마자 5분 정도 기도하며 만족해하는 〈최은진〉, 간혹 일주일에 한두 번 하고 있는 〈민진석〉은 기도는 주로 감사를 위해서 하고, 매일 일기를 쓰며 자신을 돌아본다. 〈나민아〉도 기도는 가끔 하고 있지만 자신을 돌아보는 시간보다는 원하는 것을 하나님에게 고하는 시간이며, 〈한수진〉은 평안을 느끼기 위해서 QT를 하고 싶은데 아직은 행하고 있지 않으며 짧은 기도로 대신한다. 그러나 짧은 기도만으로는 평안을 느끼지 못하는 그녀다.

나는 내 마음으로 하나님께 기도드리고. 매일 아침마다. 매일 일어나자마자 기도하지. 7시 30분에 5분 정도 가족들을 위해서 기도하고. 기도하면 좋지. 하나님한테 잘못한 것은 반성도 하고, 고마울 때에는 고맙다고 인사드리고. 자손들 건강하고. 하나님이 다 보살펴주시니까. 어떨 때 잠이 안 올 때는 기도드리고. 그리고 또 애들이 좀 어떻다고 하면 그것에 대해서 기도드리지. [중략] 마음의 평안은 첫째는 내가 하나님을 믿으니까 하나님이 보살펴주시겠지. 하나님께 잘 못한 게 있다면 하나님께 고하고. 하나님이 용서해 주시겠지. '내가 괜히 그랬다. 그렇게 안 해도 될 건데' 그러면 내가 하나님께 반성을 하지. 수시로 '감사합니다. 돌봐주셔서.' 기도하지. 애들한테 또 반가운 일 있으면 돌봐주셔서 감사하다고 기도하지. 〈최은진〉

간혹 자기 전에 그런 기도를 합니다. 오늘 하루 편안하게 지내게 해 주셔서 감사합니다. 누가 계시다면은 마음속으로 나름대로 하는 거죠. 예수님 이름으로 하는 것은 아닙니다. 일주일에 한두 번. 어떻게 보면 제 마음의 위안이겠죠. 1~2분 정도. 마음속으로 안정을 찾아가려고 해요. 일단 사람이 한 번 아프고 나니까 그런 생각이 들더라구요. 그리고 매일 일기를 씁니다. 하루를 돌아보는 시간이 되지요. 〈민진석〉

저도 기도는 하는데, 중요한 것을 앞두었을 때에만 하는 것 같아요. 주로 하나님 '저 이거 해주세요' 그런 기도요. 근데 이러면 안될 것 같아요. 〈나민아〉

정말 나태해졌다고 느끼는 게 정말 뭔가를 더 채우기 위해서 하지 않아요. 평안하지 않아요. 근데 그게 생각은 계속 있거든요. 큐티를 해야지. 그런 생각이 있는데 예배드리고 돌아서면 그냥 막 휩쓸려서 넘어가고, 넘어가고. 가끔 아까 그 동생이랑 나누기도 했는데 제 주위에 신앙생활하는 친구도 그렇게 많지가 않아요. 교회의 친구들은 제가 교회에 안 나가서 다 멀어지고. 기도는 자기 전에 그리고 아침에 짧게 기도하고. 말씀은 잘 못 보게 돼요. 〈한수진〉

기도를 하다가 신체적인 활동도 하고 싶고, 참회문의 한 문장

한 문장을 들으면서 하는 것이 자신을 돌아보는 데에 도움이 되어서 〈윤정아〉는 108배를 얼마 전부터 하고 있다. 〈박미경〉도 몸의 활동을 하면서 자신을 돌아보고 싶어서 기체조와 명상을 매일 아침 1시간씩 하고, 주말이면 산에 오른다. 몸의 활동을 하면서 자신을 돌아보는 것으로 〈이진호〉는 QT와 기도 이외에 걷기, 달리기, 색칠하기도 하고 있다.

요즘에 108배를 하면서 내 마음의 잡념이나 사심 이런 것을 모두 내려놓고서 나를 들여다보려는 시간을 가지려고 하는데 내 주위에 내가 미워하는 사람도 있고, 내가 마음에 들지 않는 나의 행동도 있고, 그런 생각이 많아요. 아직은 그런 생각에 잡혀서 나를 제대로 못 보는 시기. 그 참회문을 들으면서 나를 자꾸 비춰보려고 하는 거죠. [중략] 문장 한 문장 가지고 생각하는 거. 나를 돌아보는 계기가 되고. 그런 게 한 25~30분 정도. 108배 절을 해야 하니까. 운동되니까 좋고, 문장 한 문장 한 문장 귀에 들어오니까 좋고. 이것을 언제까지 할지는 모르겠어요. 아침에 일어나서 하거든요. 108배는 열흘쯤 되었고요. 그러면 그날 하루가 왠지 나한테 에너지가 올 것 같은 기가 채워지는 뭔가 담담한. 편안함. 효과라기보다는 나를 맥없이 돌보는 것보다 한 문장이라도 읽고 돌아보는 거. 그것은 좋은 것 같고. 〈윤정아〉

그래서 제가 새벽마다 일어나서 기체조하는 것도 그 매일 매일의 삶을 어떻게 살아갈 건지 그런 것을 정리하고 체력도 단련시키는 시간이 되는 거죠. 그러면 그것은 하루에 한 번 한 시간 동안 해요. 매일 거의 매일. 힘이 돼요. 주말에 산에 가고 그러는 것도 저한테는 성당에서 기도하며 자기를 돌아보는 것처럼 그런 시간을 갖는 거예요.〈박미경〉

달리기도 하고 걷기도 하고. 개를 산책시키고 공원에서 커피를 마실 때 평안해요. 그리고 가구에 페인트를 좀 칠하는데. 페인트를 칠할 때, 공원을 뛸 때, 달리기를 할 때에도 평온한 것 같아요. 〈이진호〉

〈윤정아〉가 기도를 하다가 108배를 시작하였는데, 108배는 불교신자가 아니어도 하는 유산소 운동으로서, '108배 절 운동' 으로 불리며 많은 이들이 행하고 있다고 한다(중앙일보, 2014). 필자는 108배라고 해서 완전히 불교에 〈윤정아〉가 심취한 것으로 생각하였는데, 인터넷에 게재된 글들을 통해서 불교 신자가 아니어도 운동과 자신을 돌아보는 시간을 위해 행해지고 있는 현상임을 확인할 수 있었다.

108배 이외에, 불교신자가 아니어도 대중에게 많이 알려진 스님들의 설교를 동영상을 통해서 보는 것 또한 널리 행해지고 있음을 필자도 주위에서 들어서 알고 있었는데, 〈정지훈〉도 자신을 살피고, 지혜와 평온을 위해서 스님의 설교를 인터넷을 통해서 본다. 설교 이외에도 사색, 심리학에 대한 책 독서 또한 그가 그 자신을 살피기 위한 방법들이다.

지금은 스님이라는 현자에게서 듣는 거라서 그것을 종교라고 하기에는 그래요. 저 사람이 얘기하는 것은 현명한 것이고, 일리가 있다. 그 안에서 뭐를 더 찾으려고 하니까 더 잘 기억되고. 얘기를 들으면 뭔가 얻은 것 같고, 해결된 것 같고 그래요. 스님의 설교 듣기, 사색, 정신에 대한 공부, 마음에 대한 공부, 심리학 책 사서 보기 등을 해요. 10년 정도. 2~3년 정도 꾸준히 보다가 그 다음에는 필요할 때 보지요. 궁금한 것만 찾아보죠. 사색할 때 주로 누워서, 사색할 때에는 심리적으로 많이 불안할 때. 그때에는 하루건 이틀이건 해결될 때까지 생각을 해요. 문제가 있을 때 찾아보고, 생각하고, 동영상을 보든 그러고 나면 해결이 되지요. 심리적인 문제라고 생각했는데 그렇게 찾아보고 사색하면 해결이 되요. 불안해하고, 짓누르고, 부정적이고 그런 것들을 '왜 내가 그럴까?' 그런 것을 찾다보면 사실은 별 것도 아닌 것인데 그런 결론이 나면서 해결. 다시 평안으로 돌아가지요. 〈정지훈〉

자신을 살피고, 마음의 평안을 얻기 위해서 비록 교회나 성당에 가지 않더라도 대부분의 교인들이 종교적인 활동을 하고 있음을 살펴보았다. 대부분이 기독교적 종교 활동이었으나, 불교적인 활동도 포함되어 있었다. 마지막으로 이야기하는 〈신유경〉

은 이러한 종교적 활동이 아니라, 독서, 영화나 음악 감상을 통해서 행복, '아름다움'을 느낀다.

보이는 것에 치우쳐서 그것을 추구하다 보면 알게 되지. 그걸 추구했다고 대단한 것도 아니고. 난 그것보다는 아름다움. 아름다움은 보이지 않잖아. 그래서 보이는 것이 중요하지 않다고. 내가 실제로 접하는 것은 책이나 영화, 음악. 어느 날 차이콥스키의 비창을 들으면 너무나 행복한 거야. '너무'라는 표현을 싫어하는데 '너무'라는 표현이 어울리게 행복해. 그리고 이렇게 행복할 때 성취감을 느끼지. 이게 느끼고 싶은 행복감. '이게 내가 누리고 싶은 아름다움이었구나' 하지. 〈신유경〉

3. 나에게 하나님은 이러한 존재이다

교인들이 표현한 하나님은 '사랑, 아름다움, 친밀하고 싶은 분, 다른 종교의 신과 비슷함, 창조주는 하나님보다 더 위대함, 힘주시는 분'이다. 모두 자신이 느끼는 하나님 혹은 절대자에 대해서 이야기하였다. 교인들이 언급한 하나님은 사랑, 자애로움, 힘, 아름다움, 알고 싶고 또 우리를 알고 싶어 하시는 분이다. 이러한 하나님에 대한 묘사는 이미 익히 알고 있는 표현이다. 그러나 이와는 다소 다른 관점으로 하나님을 묘사하는 교인들도 있었는데, 하나님만이 이러한 존재가 아니라 다른 종교의 신들도 마찬가지라는 것 그리고 창조주와 하나님은 다른 존재로서, 창조주가 하나님보다 더 대단한 위 단계의 존재라고 언급한 교인도 있었다.

〈이진호〉에게는 어디에나 존재하시는(omnipresent) 하나님이 자연을 만드셨고, 그 자연 안에 그리고 모든 곳에 계시며 '아름답다.' 〈이진호〉에게 하나님은 '아름다움'이라면 〈박미경〉에게 하나님은 '사랑'이고, 〈윤정아〉에게 하나님은 '자애로운 존재'이다.

거만한 것일지도 모르지만, 많은 곳에서 하나님을 느낀다고 생각해요. 자연을 보면서도 느껴요. 꽃을 보면서 아름답다고 느끼고. '아! 하나님이 이렇게 만드셨구나. 자연은 참 아름다운 것 같고. 이 속에 신이 있겠다.' omnipresence라는 말이 있잖아요. 그죠? 항상 있다는 게 느껴져요. 느끼려고 노력하는 것도 좋은 것 같아요. 〈이진호〉

전 이제 성서가 궁금하지도 않고 기본 틀이 있잖아요. 하느님은 사랑이라는 것. 진리가 너희를 자유케 하리라는 것. 제가 아까 조카한테도 너 스스로가 떳떳하게 살면 다른 사람 눈치는 볼 필요가 없다. 그랬거든요. 중요한 큰 테마는 내가 갖고 가겠지만 제가 영업직에 있어서 매일 매일 열심히 일하잖아요. 그렇게 사는 것 자체가 '하루하루를 새롭게 살라'는 성서 구절이 있잖아요. 그래

서 그렇게 사는 거예요. 〈박미경〉

하나님은 항상 자애로운 존재 같아. 〈윤정아〉

또한 〈진미정, 최은진, 임선희〉에게 하나님은 친밀함을 우리에게 원하시기도 하지만, 또한 우리도 친밀하고 싶은 존재이다. 특히, 〈임선희〉는 예전에는 하나님의 도움으로 무엇인가를 해결하기를 원했다면 지금은 그보다는 하나님과 같이 있는 것에서 편안함을 느끼며, 그 가치를 알게 되었다고 한다. 따라서 세 교인들은 그러한 친밀한 관계를 위해서 나름대로 노력하고 있다.

이것은 종교가 아닌 신앙. 하나님과 나와의 친밀한 관계로 가는 게 중요한 거지. 그냥 나는 기독교인이예요. 그런데 교회를 일주일에 한 번 왔다 갔다 하면서, 그냥 하나님이 누구신지는 잘 모르겠지만 그냥 따라간다. 그런데 예를 들어서 예수님을 부인하면 너를 죽이겠다. 그러면 과연 그렇게 그것을 할 사람이 몇 프로나 될까? 저는 요새 그런 생각을 하죠. 그렇다면 나는 좀 더 하나님하고 결속력 있는 관계로 가기 위해서 노력하는 사람 중에 하나인거죠. 그래서 어떤 종교인보다는, 바리새인적인 신앙보다는 정말 하나님과 친해지고 하나님이 원하시는 나가 되는 그런 신앙생활을 원하는 거죠. 하나님은 영이시니까. 바리새인들은 종교생활을 한 거고. 호세아 6장 6절을 보면 제사보다는 인애를 더 원하신다고, 친밀함을 더 원하신다고 우리가 친하면 알잖아요. 하나님도 교회에서 의례적으로 왔다 갔다 하며 만나는 하나님이 아니라 정말 내 아픔을 만져주시는 하나님. 내가 눈물 흘릴 때 닦아주실 수 있는 하나님, 그런 것들을 경험하니까… 이제 내가 하나님 안에 안전하게 뿌리를 내리는 게 신앙이라고 저는 생각해요. 〈진미정〉

교회에 가는 것은 하나님께 가깝게 하고 싶고. 〈최은진〉

내가 더 열심히 종교생활을 한 것은 아니고 성경공부를 했던 것도 아니고, 활동을 했던 것도 아니니까 그래서 조금 더 성경공부도 해야겠네, 좀 더 알고 싶네. 이러면서 결혼 하고 나서 조금 더 어떤 그런 것을 알게 되면서 마음이 좀 더 편해지는 것을 알았던 거죠. 물론 예전에는 내가 당장 힘들 때 찾아갔는데 뭔가를 해결해 달라고. 이제는 그게 아니라 같이, 내가 좀 더 영적으로 하나님과 같이, 그런 것을 하는 것이 편해지는 것을 느끼는 거야. 이제는 성경도 더 공부해야겠다는 생각도 들고 더 알고 싶고. 그렇지만 지금 무리를 안 하는 것은 여태까지 교회에서 안하던 어떤 활동을 하고 그냥 급하게 해야지 하는 것은 없어요. 그냥 '나중에 더 하겠지'라는 생각은 있는데 내가 힘들지 않을 정도로. 그리고 편하게 받아들일 정도로 그렇게 성경공부도 더 하고, 거기에서 주는 평온함 이런 것을 더 즐기자 그렇게 된 거지요. 〈임선희〉

앞에서 이미 교인들이 언급한 것처럼, 하나님은 사랑, 아름다움, 자애로움이기도 하지만, 〈민진석, 나민아〉에게 하나님은 약할 때 '힘을 주시는 분'이시다.

약할 때에는 누구에게 의지해서 취약한 부분을 보강하고 싶은 그런 생각에서. 누군가에게 의지해서 내가 몸이 아플 때, 종교에 의존해서 극복하고 싶은 마음. 〈민진석〉

신앙을 갖는다는 자체가 많이 힘이 되는 것 같아요. 저희 할머니도 항상 하나님에게 기대시고 지금까지도. 느끼는 게 정말 신앙을 갖는 자체만으로도 되게 큰 힘이 되는구나. 많이 느꼈었거든요. 할머니께서 아프실 때에도 하나님께 항상 기도하고, 제가 큰시험을 앞둘 때에도 항상 기도해 주시고, 기도하는 것만으로도 큰 힘이 돼요. 뭔가 중요한 일을 앞두고도 항상 기도를 하세요. 〈나민아〉

〈신유경〉에게도 하나님은 사랑, 아름다움, 바름, 베풂이지만, 앞에서 언급한 〈이진호, 박미경〉과는 조금 다른 입장이다. 하나님만 이러한 존재가 아니라, 불교도 마찬가지이고, 그래서 둘의 목표가 같기에 둘은 결국 같은 것이라고 이야기한다. 따라서 〈신유경〉에게 하나님은 여러 종교 중에서 특별하거나, 유일하지 않다. 그저 하나의 종교일 뿐이다. 다른 참여자들과는 많이 다른 관점일 수 있다. 현대를 포스트모더니즘으로 구분 짓고, 종교적으로는 종교다원주의가 꽤 보인다고 말하는데, 신유경의 관점이 그러하다. 〈신유경〉처럼 〈정지훈〉도 다른 교인들과 다른 입장을 보여준다. 그에게는 창조주가 하나님이 아니라는 것. 창조주는 하나님보다 더 위 단계의 존재이며, 더 대단한 존재이다.

불교건 기독교건 그건 같지 않나? 사랑하고 바르게 베풀고. 그런 게 같다는 자체가 같은 거 아니야? 지향하는 목표가 같은 게 결국 같은 것 아니야? 같은데 어떤 사람한테는 이렇게 보이고 이런 빛깔로 다가와서. 우리가 생각할 때 사랑하는 사람이 사실은 본질적으로 똑같아야 하잖아. 세상에서 제일 바르고 제일 아름답고 그야말로. 자기가 보고 싶은 대로. 자기가 느끼고 싶은 대로. 어떤 사람을 사랑하듯이. 삶은 지극히 주관적인 거잖아. 종교도 같지. 다 주관적이지. 〈신유경〉

창조주는 있을 것 같다. 그러나 과학적인 우주에 관심을 가지고 그러다보니까 이건 너무 광대하고 사람이 아닌 무언가. 더 위 단계. 우리가 생각할 수 없는 무언가가 있겠구나. 이제 그런 생각을 하면서 창조주에 대해서만 생각을 한 적은 있지요. 하나님일 수도 있겠고. 그러나 그것은 하나님은 아닐 것 같다. 성경에 나오는 그분은 아닐 것 같다는 생각이 들어요. 제 생각에는 그것보다 더 대단할 것 같아요. 〈정지훈〉

4. 소속하지 않는 이유

교인들은 교회나 성당에 소속하지 않는 이유들을 이야기하였다. '편하고 만족스러움, 틀이 필요 없음, 하나님과 더 친근함, 더 친근한 교제, 학업으로 시간 부족, 어린 자녀와 불편함, 교인들과의 갈등, 본인의 성격'처럼 그 이유도 다양하다.

우선 어디에 소속하지 않는 것이 편하고 만족스럽다는 〈이진호〉, 모태신앙으로 학창시절에도 결혼 이후에도 말씀, 기도, 공동체 생활 등 성당에서 적극적이고 열심히 신앙생활을 하였던 〈박미경〉은 그 동안 열심히 하였기에 이제는 그러한 틀이 없어도 될 것 같다고 이야기한다. 또한 〈진미정〉은 혼자 예배드리면서 가졌던 은혜의 경험과 하나님과 교인들과의 관계에 있어서도 지금이 더 친밀함을 느끼는 것이 그 이유이다. 이외에도 〈임선희, 강준영, 나민아〉는 일이나 학업으로 인한 시간 부족 때문이다.

지금 나는 편하니까. 만족하면서 이 방법대로 신앙생활을 할 것 같아요. 〈이진호〉

제가 그 틀 안에서 놀려고 열심히 다녔잖아요. 되게 많은 혜택도 보고 은혜도 받았잖아요. 근데 굳이 그 틀에 안 들어가도 될 것 같은 거예요. 〈박미경〉

저는 믿는 게 항상 두세 사람이 모인 곳은 교회라고 말씀하셨고, 그 안에 하나님이 계시다고 했기 때문에 큰 교회이기 때문에 하나님이 더 많은 일을 하신다고 생각해 본 적이 없어요. 제가 혼자 예배드릴 때에도 너무 많은 경험과 사랑을 주셨고 그래서 그런 부분에 대해서 경계가 별로 없고요. 더 친밀할 수 있고, 청년들도 소그룹으로 만나는 게 그분들에게 좋은 것 같았어요. 전 불편함을 모르겠어요. 〈진미정〉

옛날에는 시간이 항상 부족했어요. 그래서 신앙생활이 우선순위에서 밀렸던 것 같고 지금은 우선순위가 좀 바뀐 것 같고. 그래서 옛날에는 내가 편할 때 갈 수 있었다는 게 좋았던 거죠. 〈임선희〉

교회 다닐 때에는 몰랐는데. 일요일에 몇 시간 쓰는 게 아깝다는 생각이 전혀 안 들었는데. 안 다니니까 그 시간에 다른 것을 할 수 있지 않나. 그렇게. 그 시간에 시험공부나 과제를 하고. 그만큼 집중되는 것도 아닌데. 〈강준영〉

대신 공부하는 시간이 좀 많아졌어요. 아무래도 교회에 다니면 3시까지는 교회에 있으니까 집에 오면 좀 쉬고. 〈나민아〉

시간적인 이유 이외에 어린 자녀와 함께 교회에서 예배를 드리는 것이 불편하여 참석하지 않는 〈정지훈, 한수진〉 중에서 〈정지훈〉은 하나님의 존재가 와닿지 않는 것도 큰 이유이다.

하나님의 존재가 와닿지 않는 것은 〈민진석〉에게도 마찬가지이며, 그것은 교인들과의 관계에서 소외감을 느끼게 하였고 마침내 그도 참석하지 않게 되었다. 관계 때문에 더 이상 참석하지 않는 것은 〈윤정아〉도 마찬가지이다. 아직 봉사를 하기 위한 준비가 되지 않은 그녀에게는 완강하게 밀어붙이는 그룹 리더와의 갈등이 그 원인이었다.

마지막으로 〈신유경〉은 본인의 성격이 원인이라고 하였다. 그녀는 성당에 참석하면 편하고 좋지만, 성격상 누군가에게 절대적으로 의지하고 믿을 수가 없다고 한다. 그래서 대학시절 수녀인 친구를 따라서 다니기는 하였으나, 이후 불교 모임이 더 자신에게 적합하다고 느끼게 되었고 결국, 그녀는 불교를 선택하지도 않았지만 성당에도 계속 참석하지는 않는다.

아내가 확고해서 갔을 것 같은데 아들한테 불편해서 안 가는 거지요. 그리고 일도 좀 더 많아졌고. 주말에 애기 때문에 일이 더 많아진 것도 있고. 가는 것은 내 의지가 아니라 아내 의지가 더 큰 것 같아요. 아내가 가겠다면 매주는 못 가더라도 운전사로서 가겠다는 생각은 들죠. 설교 정도는 듣겠고. 난 일어나서 노래 부르는 게 참 싫거든요. 믿는 사람들이 찬양을 부르는 거잖아요. 근데 그게 어떻게 보면 좀 간지럽기도 하고 그래서. 하나님의 존재가 와 닿지 않음. 〈정지훈〉

교회가 크기도 하고, 친구가 아이를 데리고 갔다 왔는데 너무 예배를 드리는 것도 아니고. 그냥, 예배도 드린 것 같지 않고 아이 케어도 잘 안 되고, 교회가 크다 보니까 주차하는 것도 그렇고. 여러 가지가 많이 불편하다고 그러더라구요. 그 얘기를 듣고 갈 엄두가 안 나더라고요. 〈한수진〉

마음이 약해서 나가서 의지해서 낫고 싶은, 그것은 부인하고 싶지 않은데. 결국은 나가보니까 그렇더라구요. 나가보니까 교회 사람들과 생활해야 하고 교회 사람들의 패턴과 나의 패턴이 달랐고 그래서 그 와중에 많은 고민을 했어요. 내가 이것을 해야 하나? 내가 아프다고 해서 진짜. 그런 와중에 무엇인가를 찾고 싶었는데, 내가 아팠을 때 '나를 낫게 해주세요'라는 그런 신념을 가지고 갔는데 변화를 느끼지 못했던 거지요. 다른 사람들 말에 의하면 하나님을 만났다. 나는 못 만난 것 같아요. 하나님을 영접해야 하는데 그러질 못하니까, 그들 사이에서 아웃사이더가 되더라고요. 〈민진석〉

혼자 하는 것보다는 여러 사람들이 해야 하는 것도 있어요. 나 같은 사람은 조용히 다니면 될 것 같은데, 옆에 있는 사람들이 가만히 안 놔두죠. 가기만 하면 워낙 봉사할 사람이 적으니까. 〈윤정아〉

가면 편안하고 좋은데 난 누구한테 의지를 하거나 절대적으로 믿거나 그런 성격이 아니거든. 그래서 지금 왜 불교가 더 좋냐하면 누구나 도를 닦으면 부처가 될 수 있다고 생각해서. 부처님도 사람이었고. 난 그렇게 생각해. 〈신유경〉

5. 나에게 구원이란 이런 것

교인들의 이야기 속에서 구원에 대한 다양한 의미들을 발견할 수 있었다. 누구의 의견이 옳고 그른지를 이야기하려는 것이 아니다. 기독교에서 구원은 중요한 부분이고, 이것에 대해서 어떠한 의견들을 가지고 있는지를 살펴보며, 개인 각자에게는 어떠한 의미인지 생각해 보는 시간이기를 기대해 본다.

교인들이 표현한 구원은 '죄에 대해서 구원을 받고 천국에서 영생, 천국보다도 현실에서 평온한 것, 바르게 사는 것 필요, 천국을 위해 하나님께 의존하지 않음, 현실의 문제 해결을 의미하지 않음, 최선을 다해서 사는 것, 하나님을 믿게 하는 원동력, 구원은 없다'이다.

구원에 관한 이야기들을 들으며, 예전에 교회에서 '구원의 확신이 있습니까?' 여쭙던 한 집사님이 생각이 났다. 그 자리에 함께 있었던 대부분의 교인들이 '확신이 있다'고 흔쾌히 대답하지 못하였다. 가나안 교인들도 반응은 비슷하여서, 구원의 확신이 있다고 확고하게 대답을 한 교인들은 〈진미정, 한수진〉, 두 명이 었고 대부분이 확신하지 못하였다. 평소에 이 주제에 대해서 깊 이 고민하여 구체적으로 길게 본인의 경험을 이야기하는 분들도 계셨지만, 단 한 문장으로도 표현하기 어려운 분들도 계셨다.

그들의 진솔한 의견들이 담아내고 있는 구원의 의미는 죄에 대해서 구원을 받고 천국에서 영생을 얻는 것 그리고 몇몇은 영 생보다도, 천국보다도 현실에서 평온한 것이 가장 원하는 것이 기에, 천국에 가기 위해서 하나님께 의존하거나, 하나님의 뜻을 따르려는 것은 아니라고 강조하는 의견도 있었다. 불안한 현실 에서 구원받고 평온한 것 그리고 이러한 구원은 하나님의 뜻에 따라서 바르게, 최선을 다해서 사는 것이 필요하다는 의견도 있 었다.

구원의 확신에 대해서는 확신을 하는 교인들, 구원을 받았다 고 확신함에도 본인의 문제가 해결되지 않지 않아서 혼란스러움 을 겪은 교인, 구원이 없다고 생각하는 교인, 구원에 대한 확신이 없는 교인들, 구원이 무엇인지 잘 모른다는 교인들도 있었다.

구원에 대한 확신을 이야기한 〈진미정, 한수진〉 중에서, 〈진 미정〉은 구원을 받았다고 확신하는데도 본인의 문제가 해결되 지 않아서 힘들었던 경험이 있다. 그녀의 이야기에 따르면, 구원 이 곧 현실의 문제 해결을 의미하는 것은 아니며 구원으로 문제 가 해결되지는 않았지만 그럼에도 비전을 갖게 하는 힘을 가지고 있다. 구원은 곧 천국에 가지 못하게 하는 악한 것들을 하나님이 '멸하시고', 우리가 하나님의 규례를 따를 때 영생을 약속하시는 것이며, 그러한 구원을 주시는 이유가 하나님과 동행할 때 얻는 유익과 교훈을 알려주기 위함이라고 그녀는 설명한다. 이외에 〈진미정, 임선희, 한수진〉은 구원과 천국을 연결하여 그 의미를 비슷하게 정의 내리고 있다.

구원 받았다고 생각해요. 구원은 죽으면 천국에서 평안과 행복을 누리며 살게 되는 것이요. 〈한수진〉

죄에서 구원받고 천국 가는 것. 〈임선희〉

저는 구원을 받았음에도 내 문제 해결이 안 되어서 되게 힘이 드는 적이 많았었거든요. 근데 전체적으로 내가 구원을 받은 것에 대한 기쁨이 크지 않았지요. 근데 이게 얼마나 큰 은혜인지 이것을 느끼는 순간… 이제는 어떤 일에도, 내가 위험에 있어도 하나님이 나를 지켜주신다는 확신이 있어요. 나에게 주신 비전을 내가 알아요. 이제는. 그렇지만 그것도 내가 준비하고 법을 지키고 갔을 때, 이것을 어떻게 여실지는 모르겠지만, 하실 거라는 확신이 확실하게 저한테 있어요. 구원의 확신은 확실하죠. 구원이란 이 땅에 뿌려놓은 마귀의 일들 즉 우리가 죽은 후 천국에 가지 못하게 하는 마귀의 일들(갈 5:20-21)을 멸하시고 이 땅에 살면서 하나님의 법과 규례를 지키며 나갈 때, 그 언약을 지키시고 영생을 약속하는 것이라고 생각합니다. 또한 이 땅에 살면서 주님과 동행할 때 얻는 유익과 교훈, 사람됨을 가르치시기 위해 구원을 주시는 것입니다. 〈진미정〉

〈진미정〉처럼 하나님의 뜻에 살아야 한다고 이야기한 〈이진호〉는 구원이 무엇인지는 잘 알지 못한다. 그래서 그는 구원이나 영생을 얻기 위해서 하나님의 뜻을 따르는 게 아니다. 뜻을 따라야 현재 삶 속에서 만족감, 평온함, 자신감을 느끼며, 이러한 느낌으로 인해 구원 받았다고 생각한다. 결국 구원을 위해서 뜻을 따르지는 않지만 그러한 느낌을 얻으니, 두 교인들의 이야기에 근거하면 '뜻을 따르는 것'이 구원을 위해서 꼭 필요한 사항으로 여겨진다.

〈진미정〉이 구원에 대해서 영생에 의미를 둔다면, 〈이진호〉는 영생보다는 현재 삶에서의 평온함에 의미를 두고 있고, 그러한 관점은 〈박미경, 민진석〉에게도 마찬가지이다. 그래서 죽음 이후에 천국에 가는 것에는 그리 큰 의미를 두지 않는다. 〈박미경〉의 경우에는 여한 없이 삶을 최선을 다해서 사는 것이고, 〈민진석〉의 경우에는 현재 아픈 몸을 조금이라도 편하게 하는 것이 구원보다도 더 간절하게 하나님에게 의존하고 싶었던 이유였다. 반면, 구원 때문에 하나님을 믿게 되는 〈강준영〉에게는 구원에 대한 확신은 없지만, 구원이 가지는 그 의미는 크다.

구원이 뭔지는 모르지만 죽어서 구원보다, 내세가 있어서 바르게 사는 게 아니라 그냥 그렇게 바르게 살고 뜻에 따라 사는 것이 숙명이고 그래야 만족할 것 같아요. 꼭 내세의 천국을 가기 위해서가 아니라, 그렇게 살지 않으면 만족감을 못 느낄 것 같아요. 구원은 지금 내가 마음이 평온한 게 구원이 아닐까. 신이 있고 하나님이 있고 성경의 말이 있고 때에 따라서 불안할 때 기도를 하면 순간에 평온해지고 좋은 말을 보면 마음에 힘을 얻잖아요. '그게 구원이 아닐까?' 하는 생각이 들어요. 구원이 어떤 것인지 모르지만, 구원을 계속 추구하는 것이 아닐까? 불안한 마음과 자신에 대한 자신감이 떨어지고 할 때 기도를 하고, 또는 불현듯 날씨가 좋고 햇빛이 들 때에는 기분이 좋아지잖아요. 그럴 때에는 모든 게 다 평온해 보이고 행복해 보이고 자신감이 있잖아요. 그럴 때에는 내가 구원 받았다고 생각이 들지요. 그런데 항상 내가 구원 받았다고 생각하지는 않는 것 같아요. 구원을 잘 생각하지 않는 것 같은데. 나한테 하나님은 내가 살아가면서 불안한 것을 좀 의지하는 것. 구원에 대해서는 별로 깊게 생각하지 않았어요. 〈이진호〉

사실 요즘은 사후세계에 대해서는 생각을 안 하고 있어요. 현 생활에서 최선을 다해서 살고 미련 없이 가면 될 것 같은 거예요. 제가 열심히 사는 게 천당이나 지옥 때문에 열심히 사는 것은 아니거든요. 저는 나에게 주어진 생을 최선을 다해서 살아보고, 미

런 없이 생을 마감하고 싶은 마음에 사는 거예요. 〈박미경〉

만약에 내가 죽었다고 생각해 봤을 때 구원이 정말 있을까라고 한번 생각해 본 적 있어요. 진짜로. 근데 의지는 안 했어요. 저의 성격 탓인지, 누구한테 의지해서 나는 좋은 데 가고 싶어, 그렇게 생각한 적은 없어요. 있을 거라고는 생각을 해요. 〈민진석〉

나에게 구원은 하나님을 믿게 하는 원동력이요. 구원은 알겠는데 확실히 구원받았는지는 모르겠어요. 〈강준영〉

마지막으로 구원은 아예 존재하지 않는 것이라고 단정하여 설명하는 〈정지훈〉의 의견도 있다.

사람이 죽어서 환생. 그런 의미에서. 죽어서는 그냥 '무'(無)인거지. 회심은 사람이 변한 것이겠지. 이제 잘못했던 것은 하지 않고, 그러니까 사람들이 인정하게 되고, 그러면서 변하는 것. 그러면서 자기 스스로는 용서 받았다고 생각하는 거지. 구원이라는 건 아예 없는 것 같아요. 〈정지훈〉

6. 나에게 소명이란 이런 것

교인들이 소명에 대해서 표현한 이야기는 다섯 주제로 나누어 볼 수 있었다. '가족을 돌보는 것, 지금 하는 일, 사랑하는 것, 구원을 돕는 것, 확실하지 않음'이다. 소명에 대해서 교인들이 가장 많이 언급한 것은 '가족을 돌보는 것'이었으며, 그 다음으로는 '지금 하는 일', '사랑하는 것', '구원을 돕는 것' 그리고 또 아직 소명이 확실하지 않다고 이야기한 교인들도 있었다.

'가족을 돌보는 것'이라고 이야기한 교인들은 주로 한 가정의 가장 역할을 하고 있는 남성 참여자들인 〈이진호, 민진석, 정지훈〉과 이혼 후 가장의 역할을 하고 있는 〈박미경〉에게서 두드러지게 보였다.

> 그리고 아들을 서포트하는 것도 내 소명이라는 생각이 들어요. 그리고 '아내가 하는 일에 내가 옆에 있는 것도 내 소명이 아닐까?' 하는 생각이 들고. 나 스스로 위안을 하는 것 같아요. 건축물을 지을 때 기둥이 될 수도 있고 지붕이 될 수도 있잖아요. 한 역할을 담당하는 게 아닐까? 〈이진호〉

> 소명은 늘 있어요. 지금 현재 애 둘을 키웠잖아요. 그 아이들의 정상적인 성장을 통해서 세상의 빛이 된다는 확신은 있어요. 걔네들이 세상에 좋은 영향을 미칠 거라는 확신이 있고. 또 한 소명

은 제가 부모님에게 되게 많은 에너지를 주고 있다는 생각은 해요. 사실은 제가 부모님에게 감사하는 표현으로 자주 들르기는 하는 건데, 부모님에게 삶의 기쁨은 되어 드리고 있다고 생각은 해요. 〈박미경〉

나이가 들면서 그런 생각을 해요. 어떤 생각이냐 하면 내가 살아온 길이 올바른 것인가? 내가 하고 있는 일이 올바른 일인가? 그리고 누구나 이미 갈 길이 정해져 있는 것은 아닌가? 그렇게 봤을 때 과연 내가 가는 길이, 내가 여태까지 걸어온 길이 내 자신을 위해서 걸어온 길이냐 아니면 주변의 애들 환경이나 그런 것을 위해서 걸어온 길이냐? 지금 생각해 보면 70~80% 나와는 관계없는 길을 걸어왔다고 생각을 해요. 그게 뭐냐 하면 내가 하고 싶은 것은 못 했다는 거죠. 지금도 그런 생각을 합니다. 어떤 생각을 하냐면 이건 물론 내 길이 아니지만 이 길을 가야만 된다. 결국에 나도 나 혼자가 아니고 가족이라는 울타리를 내가, 결국 책임을 져 줄 사람은 나라는 얘기죠. 나 자신은 10%? 점점 나이가 들어가면 자기 자신을 찾는다지만, 간혹 TV에서는 가족 모두 떼어버리고 오지에 가서 혼자 사는 사람 있잖아요. 솔직한 얘기로 부러워요. 나만을 위한다면 내가 아팠을 때 부모님만 안 계셨으면 자살하고 싶었단 말이에요. 너무 힘들었어. 삶 자체가. 정말 남들은 몰라요. 정말 하루하루 산다는 게 진짜 힘들었어. 그게 뭐냐 하면… 끝내고 싶다. 끝내고 싶다. 그런 것도 정말 있었어요.

왜 못 끝내느냐 하면 해야 될 일이 있기 때문에 못 끝내는 거죠.
결국은. 그렇지 않으면 우리나라 정서상 부모님보다 먼저 가는
것을 어떻게 생각해? 가장 '큰 불효다'라고 하잖아요. 그것 때문
에 그랬죠. 솔직한 얘기로. 만약 그게 아니었다면 할 수도 있었어
요. 진짜 그런 시간이 한 세 번… 큰 바위 위에 혼자 올라간 적도
있었고. 뭐 인생 살다보면 누구에게나 다 있잖아요. 진짜 그때 내
가 나를 버틸 수 있었던 것은 결국 가족이죠. [중략] 알잖아요.
나이 먹은 사람들은. 자기 존재감 같은 것. 내가 왜 살아야 하는
가? 〈민진석〉

내가 생각하는 소명은 모든 사람들에게 똑같이 주어진 거라고 생
각하는데. 모든 사람의 소명은 다 똑같다. 나에게는 후대는 나보
다는 낫게 되는 것. 사회나 모든 면에서 더 영향력이 있고 가족을
일으켜 세우는데 도움을 주는 역할. 〈정지훈〉

'가족을 돌보는 것' 다음으로 많이 이야기한 것은 '지금 하는
일 그리고 그 일터에서 함께하는 사람들을 돌보는 것'이 소명이
다. 이와 같은 의견은 〈이진호, 박미경, 진미정〉의 이야기에서
살펴볼 수 있다.

소명. 지금하고 있는 일이 아닐까… 나의 소명이 무엇인지는 잘
모르겠어요. 근데, 그냥 어떤 책에 보니까 그런 말이 있었어요.

현재에 지금 하고 있는 일이 너의 소명이라고. 내 소명이 뭔가를
정말 오랫동안 찾은 것 같은데, 나에게 꼭 맞는 일을 잘하고 만족
감을 얻는 일이 소명이라고 생각했거든요. [중략] 결국 내 소명
이라는 것은 지금 이게 아닌가 하는 생각이 들어요. 지금 하는 일
이 그렇게 만족스럽지 않더라도 다른 일을 지금 하고 있는 것도
아니고요. 〈이진호〉

직장에서는 제가 아까 말씀드린 것처럼, 중요한 자리에 있어요.
제가 제 소명을 다해야 직장이 원활히 돌아가요. 그런 소명이 또
있고, 또 제가 만나는 고객들에게 어떤 생각도 있냐 하면 다들 사
는 게 힘들어요. 스트레스 받고 사는 것도 많고 저를 만나면 행복
했으면 좋겠다는 거예요. 저는 좀 목소리가 하이톤이라서 어떤
고객들은 어쩜 목소리가 늘 싱싱하냐고 해요. 전화를 받으면 기
분이 좋아진다고 그러거든요. 그런 게 그 사람한테 무슨 의미가
있겠어요? 그러나 전 그걸 소명이라고 생각해요. 〈박미경〉

저는 제 소명보다도 하나님 뜻을 따라서 가는 것. 그러다보면 그
게 소명이지. 많은 사람들이 착각을 해요. 우리의 태어난 목적을
이루어야 되기 때문에 주세요. 근데 그것을 너무 앞에 두고 가기
때문에 분주하고 그것을 하려고 자기가 계획을 세우고, 사람들
을 모으고 하는데 저는 깨지는 것을 너무 많이 봤어요. 지금은 상
담사로서 내가 가야 될 어떤 준비는 그것에 대한 공부를 하는 거

고, 스터디 리더장도 맡고 있는데, 그것도 내가 그것을 맡았기 때문에 좀 더 이들을 품고, 어떻게 해야 되는지 하나님께 묻고. 그럼 거기서 주신 감동대로 가면 그냥 그게 하나님의 일이라고 저는 생각해요. 〈진미정〉

'가족을 돌보는 것', '지금의 일과 그곳의 사람들 돌보기', 다음으로 교인들이 생각하는 소명은 '사랑'과 '구원'이었다. 하루하루를 감사하며 사랑하는 것이 소명인 〈임선희〉와 '나를 넘어서' 어려운 이들과 나누는 사랑이 소명인 〈신유경, 한수진〉의 이야기를 아래에 소개한다.

나에게 소명은 하나님이 주신 모든 것을 하루하루 감사하게 행복하게 열심히 사랑하며 누리는 것이요. 〈임선희〉

어렸을 때 슈바이처 박사에 대한 전기를 읽었어요. 물론 우리가 잘 아는 면 이외에도 많잖아요. 근데 아프리카에 가서 그 봉사를 했잖아요. 그 박애정신이 굉장히 존경스럽더라구. '그런 사랑이라고' 생각하지 나의 소명은 사랑. 사랑은 어떻게 보면 정신적인 내적인 마음. 마음을 움직일 수 있는 사랑. 인생의 목적이 사랑인 거지. 내가 나를 넘어서는 것. 그 넘어서는 힘을 사람들에게 미치게 할 수 있는 것. 서양에서는 많이 행하고 있잖아요. 자선. 어려운 이들에게 나눠주는 것. 근데 자선이라는 것도 우스운 거야. 원래 어려운 사람들에게서 취한 거잖아. 그러니 그들에게 돌아가야 하는 거야. 같이 가야 하는 거지. 자선이 생활처럼. 〈신유경〉

그리고 예전에 들었었던 마음인데 한참 그런 생각을 했는데, 어려운 아이들을 후원을 해주고 싶고 따뜻한 안정을 느낄 수 있도록 그렇게 돕고 싶다는 생각을 해보았어요. 〈한수진〉

또한 〈진미정, 한수진〉은 사랑하는 가족과 주위 분들의 '구원'도 또한 소명이라고 이야기하였고, 〈진미정〉은 소명을 이루기 전에 '자신을 회개하고 정결히 하는' 사명을 다할 때 소명은 저절로 이루어질 것 같다고 이야기하면서 '회개와 정결함'을 강조하였다. 반면 〈박미경〉은 소명을 위해서 돌보고, 돌봄을 받는 사람들 속에서도 혼자임이 느껴지는 '고독감'을 견디는 것 또한 필요하고 소중한 시간이라고 이야기한다.

세상적인 목표는 저에게 중요하지 않고 저에게 붙이시는 영혼을 하나님 앞으로 오게 하는 것. 〈진미정〉

소명은 아직 좀 정확하지는 않고. 일단 첫 번째로 우리 가족이 구원 받는 것. 〈한수진〉

그러나 나도 더 준비를 해야 되고. [중략] 결국 하나님이 가장 원하시는 것은 정결함. '내가 죄에서 많은 부분들을 끊고 나가고 있는가?' 며칠 전에 저희 아들과 전도서에 대해서 나누었어요. 요즘 아침에 책을 하나 나누고 있는데, '군사'라는게 히브리어로 '거룩한'이란 뜻이 들어가 있더라구요. 하나님의 군사로 사용되어질 사람은 거룩하지 않으면 사용되지 못한다는 거잖아요. 결국 내가 하는 것은 하나님 앞에서 죄를 짓지 않고 그런데 인간이 어떻게 죄를 안 짓겠어요? 계속해서 회개하고 씻고, 그런 노력과 준비가 저는 하나님 앞에 사명이라고 생각해요. 그러면 소명은 저절로 이루어진다고 생각해요. 〈진미정〉

주변에 제가 챙기는 사람도 많고, 저를 챙기는 사람들도 많잖아요. 그런데 항상 드는 생각이 뭐냐면 사람은 '혼자서 살아간다는 것'을 제가 느껴요. 고독함은 늘 제가 가지고 있어요. 그런데 그 '고독' 자체도 굉장히 소중하다는 생각이 들어요. 혼자만 있는 시간에 다른 것을 채워줄 수 있는 것들이 마련이 돼요. 삶의 압박감에 의해서 지치고 힘들 때 드는 고독감. 그 상황을 그냥 견디고 있는 것. [중략] 성서에 보면 악도 선을 위해서 존재한다는 거죠. 안 좋은 것이 실은 다 안 좋은 것도 아니에요. 〈박미경〉

소명이 무엇인지 확실하지 않다고 이야기 한 교인들은 20대 대학생인 〈강준영, 나민아〉이다. 아직 소명이 확실하지 않기에 방황하는 것처럼 여겨지고, 아직 소명이 무엇인지는 모르기에,

명예와 부와 같은 것을 먼저 추구하길 원한다.

뭘까 생각해 본 적은 있는데 뭔지는 아직 잘 모르겠어요. 궁금하지요 당연히. 그걸 해야 되는데. 그게 없어서 약간 방황하며 사는 것 같은데… 지금은 모르니까 그냥 개인적으로 잘 먹고 살게만. 성공하는 게. 성공이란 지금은 명예, 다음은 부. 마음이 평안한 건 모르겠는데… 일단 그게 목표. 지금은 그렇게 하고 싶고 그렇게 되고 싶고. 마음의 평안은 그 다음. 그렇게 해 놓고 평안해도 늦지 않은 듯… 〈강준영〉

2부

가나안
교인과
하나님
이미지

—

I.
가나안 교인과 한국교회

한국교회에 출석하는 개신교 신자가 계속 감소하는 것에 대한 우려의 목소리가 크다. 이러한 감소가 1980년대 중반까지 크게 성장하였던 한국교회들이 더 이상 성장하지 못하고 퇴보한다는 의미를 내포하는 것은 아닌지, 이러한 현상을 나타나게 하는 근본적인 원인들에 목회자 및 학자들의 관심이 집중되고 있다.

2005년 인구주택 총 조사 결과에 근거하여 개신교 신자가 10년 동안 1.6% 감소하였고, 그중에서 560만 명이 개신교 신자에서 무종교인으로 바뀌었다고 주장한다(정재영, 2014). 이는 현재 무종교인이지만, 과거에는 불교(25.6%)나 천주교(24.3%) 신자에 비해서 개신교 신자(50.0%)였던 이들이 훨씬 많았다는 것을 의미한다. 그러나 이러한 결과는 지난 10년간 바뀐 것으로 나타났다. 2015

년 인구 총조사 결과는 2005년부터 2015년까지 10년 동안 종교를 가지지 않은 인원은 600만 명 정도 증가하였지만, 개신교 교인들은 오히려 100만 명 정도 증가하였고, 오히려 크게 그 인원이 감소한 종교가 불교(300만)와 천주교(250만)였다.

비록 1995년부터 2005년까지의 개신교 신자가 10.6% 감소하여 기독교 특히 개신교에서 인식하였던 심각성이 최근 2005년부터 2015년까지 10년 동안의 약 100만여 명의 개신교 신자의 증가로 인해서 그 심각성이 덜할지는 모르지만, 한국기독교목회자협의회에서 추정한 100만여 명의 '가나안 교인'으로 나타난 새로운 종교 형태에 대해서 많은 연구가 이미 시작되었다.

한국기독교목회자협의회는 기독교인의 10.5%인 약 100만 명을 가나안교인 즉, 소속 없는 신앙인으로 추정하였다(정재영, 2014). 2015년 통계청에 의한 인구 총 조사에서 기독교(개신교)인은 약 970만 명이고, 기독교(천주교)인은 약 390만 명으로 총 1,360만 명이며, 이는 총인구 4,900만 명의 1/4보다 많은 인원이다. 따라서 한국의 전체 인구의 1/4 이상이 기독교 신자이며, 기독교신자들 중에서 약 1/10은 교회에 소속하지 않은 혹은 불참하는 기독교인들이다.

기독교인이라고 자신의 종교를 밝히면서도 교회에는 불참하거나, 소속하지 않은 이들의 이유가 교회 제도화에 따른 "비인격적인 관계"와 "관료주의"와 같은 기성교회에 대한 불만과 도전이라는 견해(정재영, 2013)도 있고, 또 다른 연구에서는 자유로운 신앙생활을 위해서(30.3%), 목회자에 대한 불만(24.3%), 교인에 대한 불만(19.1%), 신앙에 대한 회의(13.7%), 시간이 없어서(6.8%)로 나타났다(정재영, 2014).

또한 다른 연구에서는 가나안 교인들의 출연에 대해서 기독교 신자인 부모를 가진, 그 자녀들이 성장하면서 나타난 현상이라고도 주장한다(조성돈, 2016). 그 자녀들은 결단으로 신앙을 키웠던 부모 세대의 믿음과는 달리 여전히 내적으로 신앙에 대한 갈등과 기존 교회의 권위 구조, 주일성수와 같은 규율 등에 답답함을 느끼면서 새로운 대안을 추구한다는 것이다. 그리고 그들 중에는 자신들의 새로운 형태의 신앙생활에 자부심도 가지며, 공동체 경건의 시간은 제외시키고 개인적인 신앙생활만을 지속하려는 신앙인들도 있다.

이러한 개인화된 신앙생활이 한국에서만 나타나는 현상이 아니며, 이는 이미 서구에서도 나타난 현상으로서 미국, 스웨덴뿐만 아니라, 독일에서도 신앙은 있지만, 교회에 불참하는 기독교인들의 출현에 대해서 1950년대부터 심각하게 연구해 왔다. 따라서 한편으로는 양적 성장을 급속도로 이룬 한국교회가 가나안 교인의 출현을 보임으로써, 서구교회와 같은 쇠퇴의 현상도 급속도로 보이는 것은 아닌지 우려한다.

이에 '가나안 교인들'이라는 일반인들에게는 다소 생소한 개넘이지만, 이미 기독교 학계에서는 많은 관심을 가지고 연구가 진행되고 있는 교회에 불참하는 기독교인들의 이야기를 담아 보았다. 그들이 교회에 참석했을 때의 신앙생활에 대한 경험과 지금처럼 교회에 참석하지 않고 개인적으로 신앙생활을 하는 것에 대한 경험을 들어보았다. 교회에 다니면서 좋았던 점, 신앙에 도움이 되었던 점도 있지만, 지금처럼 신앙생활을 하게 된 이유, 지금의 신앙생활을 유지하고자 하는 이유도 살펴볼 수 있었다. 또한 마지막 장에는 가나안 교인들에 대한 이해와 더불어 온전한 예배를 이루는데 필요한 목회적 지지와 돌봄에 대해서 정리해 보았다.

본 글을 통해서 종교에 대한 다양한 주제에 관해서 진솔하게 의견을 나누어 준 교인들에게 귀 기울이고, 우리 본인의 관점에 대해서도 생각해 보는 기회가 되기를 기대해 본다.

1. 가나안 교인에 대한 정의

가나안 교인들에 대한 연구는 국내에서는 그리 많이 알려져 있지 않다. 가나안 교인은 기독교인의 정체성은 유지하지만, 교회에 참석하지 않고 가나안 땅을 찾아다녔던 이스라엘 백성처럼 새로운 교회를 찾아다니는 신앙인을 뜻한다. 가나안 교인과 유사한 개념으로 '소속되지 않은 신앙'(believing without belonging), '영적이지만 종교적이지 않은'(spiritual but not religious)과 같은 표현들이 이미 서구에는 잘 알려져 있다(정재영, 2013).

정재영(2013)은 이러한 표현을 '소속 없는 신앙인'으로 대신하고 그들이 교회를 떠난 이유와 그렇게 된 과정을 살펴보았다. 5개월 동안 '가나안 교회' 세 곳에 대한 참여 관찰과 18명에 대한 심층 면접과 1년 동안 20명에 대한 심층 면접을 통해서 '신앙에 대한 강요, 소통의 부재, 신앙과 삶의 불일치, 주체적인 신앙 표현의 욕구'가 교회를 떠난 이유이며, 기독교인으로서의 정체성에도 변화가 있어서, 무신론에 가깝게 변하거나, 종교 다원주의 성향, 즉 다른 종교를 통해서도 구원에 이를 수 있다고 생각하는 이들도 있었다고 하였다.

따라서 그는 '소속 없는 신앙인'을 좀 더 구체적으로 '기독교인, 문화적인 기독교인, 구도자, 무신론자'로 구분하여 제시하였다. 기독교인으로서의 정체성이 확실하여 성경의 내용과 구원의 확신을 믿고 따르려는 이들을 '기독교인'으로 나타내고, '문화적인 기독교인'은 정체성이 확고하지 않아서, 성경과 구원에 대해서 믿지는 않으나, 따르고 싶어 하는 이들을 나타낸다. 기독교인의 정체성은 없으나, 기독교뿐만 아니라 다른 종교에도 호감과 구원이 가능하다는 생각으로 종교 다원주의를 보이는 이들을 '구도자'로 분류하였으며, 교회는 참석하였지만, 기독교인의 정체성이 확실하지 않고, 종교를 부정적으로 인식하는 이들을 '무신론자'로 설명하였다.

이에 본 글에서 가나안 교인이란 교회에 참석한 경험과 본인이 기독교인이라고 생각한 경험이 있는 신앙인으로서 현재는 교회에 불참석하는 대상을 뜻한다. 현재 교회에 참석하지 않지만, 기독교인이라고 밝히며 지속적으로 이러한 신앙생활을 유지하기를 원하는 지속적 가나안 교인, 본인이 교회에 불참하는 것에 대해서 불편감을 느끼며, 현재 환경적 요인으로 불참하지만 상황이 정리되면 다시 교회 참석을 원하는 잠정적 가나안 교인 그리고 기독교에 관심을 가지고 교회에 참석한 경험은 있으나, 현재 기독교인이 아니라고 밝히고, 신앙생활을 완전히 중단한 신앙인으로 구분하여 살펴보았다. 따라서 본 글의 가나안 교인들은 잠정적 가나안 교인, 지속적 가나안 교인, 신앙생활 중단 신앙인의 개념을 포함한다.

2. 가나안 교인에 관한 연구

정재영(2013)은 '가나안 교회'의 장점으로는 신앙을 강요하지 않고, 각자의 신앙을 인정하는 것, 수평적 리더십, 목회자의 선포가 아닌 설교에 대한 토론이 있다고 한다. 결국 '소속 없는 신앙인'은 교회 제도화에 따른 '비인격적인 관계'와 '관료주의'와 같은 기성교회에 대한 불만과 도전을 의미한다고 그는 결론짓고 있다.

이러한 결론은 정재영(2014)에서도 반복되고 있다. 정재영(2013)이 참여관찰과 심층면접을 통해서 '소속 없는 신앙인'을 연구하였다면, 정재영(2014)은 설문조사를 통해서 같은 주제를 연구하였는데, '소속 없는 신앙인'이 교회라는 제도에 대한 거부나, 무교회주의를 주장하는 것이 아니라, 교회의 지나친 제도화, 관료제화에 대한 불만의 표현이라고 주장한다.

이제까지 국내에서는 '나 홀로 신앙', '가나안 교인', '소속 없는 신앙인'이라 불리는 새로운 종교성에 대한 학문적 연구가 많지 않기에, 서로 다른 연구 방법으로 접근한 두 연구는 이러한 새로운 종교성을 이해하는데 많은 도움이 되리라 여겨진다.

정재영(2014)은 2013년 2월, 열흘 동안 온라인을 통한 설문 여론 조사를 하여 교회에 참석하지 않는 기독교인들을 대상으로 교회를 떠난 이유, 신앙 모임 참석 여부, 탈제도화된 신앙 여부 및 교회에 대한 실망인지 아니면 교회 자체에 대한 거부인지에 대하여 살펴보았다. 응답자들 중에서 기독교인이면서 교회에 참석하지 않는 응답자 26%, 곧 316명이 설문 조사의 대상자가 되었다. 26%는 '한국기독교목회자협의회'가 기독교인의 '10.5%'인 약 100만 명을 가나안 교인으로 추정하는 것보다는 훨씬 큰 비율로서, 온라인 조사에 고학력자들이 더 표집될 가능성과 그 영향이 이유라고 보고 있다.

교회를 떠난 이들의 특성으로는 평균 10년 이상 교회를 다녔으며, 교회활동도 보통 이상(어느 정도-53.4%, 적극적-36.9%) 참여하였고, 구원의 확신에 대해서는 48.1%가 분명하다고 응답하였다. 교회를 떠난 이유로는 "자유로운 신앙생활"(30.3%), "목회자에 대한 불만"(24.3%), "교인에 대한 불만"(19.1%), "신앙에 대한 회의"(13.7%), "시간이 없어서"(6.8%)로 드러났다. 구원에 대해서 "기독교에만 구원이 있다"(31.0%), "다른 종교에도 구원이 있을 수 있다"(36.2%), "구원이 중요하지 않다"(32.9%)고 응답하였다. 교회에 빨리 다시 나가고 싶어 하는 응답자는 13.8%, 언젠가는 가고 싶다는 응답자는 53.3%, 개의치 않는다고 밝힌 응답자는 21.0%였다. 마지막으로 교회에 참석하지 않지만, 신앙모임에 참석하는 인원은 8.2%였으며, 교회를 한 번 이하 옮긴 응답자가 70.7%였다.

국내에서보다도 먼저 국외에서 '소속 없는 신앙인'에 대한 연구가 이루어졌으며, 영국과 서유럽의 많은 이들이 '소속하지 않은 신앙인'(believing non-belongers)이 되었다(Stark et al., 2005). 동양과 서양 모두에 진행되고 있는 이러한 현상을 좀 더 자세히 살펴보기 위하여 Stark와 그의 동료들(2005)은 미국, 스웨덴, 일본에서 교회 참석(Churched religion)과 교회 불참석 종교(Unchurched religion)의 기본적인 강점과 약점을 비교하고, 교회 불참석 종교의 개념과 그 형태를 서술하고 있다.

그들의 연구에 따르면, 교회 불참석 신자들에게는 신자들의 모임(Congregational life)이 부족하고, 리더를 중심으로 모이거나, 그렇지 않을 수도 있으며, 따라서 교회 불참석 신앙인들의 종교생활에는 많은 차이가 있다고 설명한다.

미국에서 선호하는 종교가 없다고 대답한 이들은 믿음이 없는 것이 아니라, 조직적인 종교인 기성 종교(organized religion)에 관심이 없는 것이라고 밝혔다. 연구에 따르면, 그들이 교회에는 69%가 절대 참석하지는 않지만, 때때로 기도하는 이들이 57%, 하나님을 믿는 이들이 51%나 된다. 따라서 사실상 미국인의 2/3 이상이 교회에 불참석하는 것으로 추정하였는데, 그렇다고 그들이 신앙심이 없는 것은 아니라고 주장한다.

서유럽에서 가장 세속화된 나라들 중의 하나라고 연구에서 소개하고 있는 스웨덴에서 1995년 조사에 따르면 단지 10%만이 한 달에 한 번 교회에 참석하고, 16%만이 하나님의 존재에 대해서 확신을 표현하였다. 많은 최근의 연구에 따르면, 대부분의 스웨덴인들은 자신의 개인적인 방식으로 본인들이 기독교인이라고 표현하며, 또 많은 다른 스웨덴인들은 동양의 영성과 뉴 에이지의 다양성을 옹호하는 입장이라고 한다. 국교회(State Church)에 등록한 이들 중에서 3%만이 매주 교회에 참석하며, 6%는 한 달에 한 번 교회에 참석하는 실정이다. 그래서 스웨덴의 교회가

'조개껍질'로 비유되기도 하는데, 이는 예배와 같은 교회 본래의 취지보다는 교회에 불참석(Unchurched)하는 이들의 장례식과 결혼식과 같은 생애 주기 이벤트의 장소로 흔히 사용되기 때문이다. 그러나 이를 신앙심이 사라졌다고 여기기보다는 믿음이 개인화된, 교회에 불참하는 영성(unchurched spirituality)으로 계속된다고 연구는 주장한다.

마지막으로 일본의 조사 결과에 의하면, 교회에서 적극적으로 신앙생활을 하는 기독교 일본인들은 단지 2~3%이며, 76%가 본인이 종교적이라고 여기지 않는다고 밝혔다. 미국, 스웨덴과 일본이 구별되는 점은 두 나라는 점점 교회불참석 종교(unchurched religion)로 바뀌어 간다는 점에 반해서, 일본은 그렇게 바뀌는 것이 아니라, 늘 교회불참석 종교를 추구해 왔다는 점이다.

3. 가나안 교인과 사이버 예배

위에서 살펴본 것처럼, 최근 10년 동안 개신교에서는 신자의 수가 조금 증가하였다. 그러나 1990년대 후반부터 한국기독교의 양적 성장이 멈추었으며, 그 주요 원인으로 주 5일 근무로 주말의 여가를 즐기는 새로운 라이프스타일과 인터넷을 통한 예배와 설교를 주장하기도 한다(정근하, 2012). 인터넷 예배와 설교는 주일성수를 위해 교회에 가지 않아도 원하는 장소와 시간에 예배를 드리면서 만족감을 느끼게 하고, 또 이러한 사이버 예배는 다양한 문제들로 교회에 만족하지 못하는 교인들에게 그 문제를 피하면서 개인적으로 신앙생활이 가능하게 해주었다.

따라서 이렇게 개인적으로 신앙생활을 하는 가나안 교인들을 연구함에 있어서 사이버 예배의 보급에 대해서 살펴볼 필요가 있겠다. 이성희(1996)는 미래의 교회는 예배당이 아닌 집이나 차와 같은 장소에서 화상으로 예배를 드릴 것이라고 예측하였다. 또한 이러한 예배는 교회의 본질적 기능인 목회자와 성도와의, 또 성도들 간의 '친교'를 잃게 하여 교회의 본질을 왜곡시킬 것이며, 따라서 사이버 예배에는 인격적인 교제와 공동체성이 부족하다고 언급하였다(정근하, 2012).

조기연(2001)은 사이버 예배의 한계점에 대해서 좀 더 구체적으로 공동체성의 부족, 주님 부활에 대한 경축적 성격의 부족, 몸으로 드리는 예배로서의 부족함에 대해서 논하였다.

첫째, 고대 희랍어에 의하면, 예배는 '기독교 공동체가 함께 모여 하는 행위'를 의미한다. 역사적으로 예배의 시초는 예수님의 부활을 경축하기 위한 안식 후 첫 모임이었으며, 박해를 심하게 받았던 초대교회에서도 '모임'을 중요하게 여기며 가졌던 것은 신앙의 본질이 이 '모임'에서 나오기 때문이라고 한다. 또한 예배학에 따르면, 온전한 신앙생활을 위해서는 모임을 이루어

하나님과 교통하는 '공동의 예배'와 개인적으로 기도, 찬양, 말씀으로 하나님과 교제하는 '개인적 경건'이 모두 필요하다. 따라서 사이버 예배는 '개인적 경건'은 충족시킬지 모르나 '공동의 예배'는 충족시킬 수가 없다는 것이다.

둘째, 예배의 '경축적 성격'은 '주님 부활의 경축과 천국을 미리 맛보는 잔치'를 의미하며, 함께 '떡을 떼고, 잔을 나누며, 대화와 교제'를 나누는 예배의 특성을 말한다. 이것 역시 함께 나누는 행위이기에 사이버 예배에서는 불가능하다.

셋째, '몸으로 드리는 예배' 역시 현대 예배학에 따르면, '온전하고 의식적이며 적극적인 참여'로 임하는 예배를 뜻하는 것이다. 따라서 찬양, 감사, 고백과 간구 등의 행위 없이 마음과 정신으로만 이루어지는 사이버 예배에서는 이것 또한 부족할 수 있다.

이러한 한계점을 사이버 예배가 가지고 있음에도 불구하고, 익명성, 개인주의 성향과 편리함을 추구(조기연, 2004)하는 현대인들이 선호할 가능성이 꽤 많다고 보는 견해들이 있다(조기연, 1999).

4. 가나안 교인과 공동체

사이버 예배를 드리는 신앙인들처럼 교회에 참석하지 않는 신앙인들에게 '공동체'의 경험이 미흡할 수 있다. 앞에서 살펴본 바와 같이 예배학에서는 '공동의 예배'와 '개인의 경건'을 모두 충족시키는 예배를 바람직하게 여기고, 또한 이를 지지하는 여러 학자들의 견해들이 있어왔다.

본회퍼(D. Bonhoeffer)는 '교회의 공동체'는 예수의 십자가 죽음과 부활을 통해서 하나님이 성령으로 세우신 새롭게 변화되는 공동체라고 하였으며, 부루너(E. Bruner)는 '교회는 그리스도 공동체'로서, 그리스도와 성령의 역사에 참여하는 신앙인들의 형제애가 실천되는 나눔의 공동체라고 설명하였다.

공동체, 즉 성도의 교제에 대해서 그 중요성을 언급한 학자들도 있었는데, 본회퍼는 '교회는 성도의 교제'라고 언급하면서 성도 개인이 하나님 앞에 혼자 서는 것이 아니라, "성령이 부르고 택한 성도의 교제"를 통해서 "하나님과의 사귐을 갖는 것"이라고 하였다. 또한 래리 크랩(Latty Crabb)은 우리 몸의 허파에는 공기가 필요한 것처럼, 우리 영혼에는 공동체만 줄 수 있는 것을 필요로 한다고 하였다(Frazee, 2005). 인간의 삶이 관계로 이루어져 있으며, 또 관계에 의존하기에 구원을 위한 영적 성숙 역시 개인 혼자서 이루는 것이 아니라, 이러한 신앙 공동체를 통해서 이루어진다고 주장하기도 한다(정근하, 2012).

신앙 공동체의 중요성에 대해서 학자들이 많이 논하였음에도 교인들 개인이 그 공동체에 대한 필요를 느끼지 못하는 경우에는 교회에 불참하고, 사이버나 기독교 TV채널을 통한 예배와 개인적인 경건의 시간으로 충족시키기도 한다. 혼자서 외롭게 이러한 신앙생활을 계속하는 교인들이 얼마나 많으며, 얼마나 오랫동안 그러한 신앙생활을 유지하는지는 알려진 바가 없지만, 사이버나 기독교 TV 예배 등과 같이 인격적인 공동체가 부족한 신앙생활을 경험하고는 다시 교회로 복귀하는 사례들도 있다.

일본의 도쿄에 위치한 한 한국교회에서 2008년에 사이버 예배를 드리다가 교회로 돌아온 청년부 교인 10명을 인터뷰하여 그들이 교회로 다시 돌아온 이유들을 살펴보니, '공동체' 생활의 결여가 그 주요 원인으로 나타났다. 물론 교회로 돌아온 이유들 중에 공동체 생활을 외면한 이기적인 신앙생활에 대한 갈등도 있었지만, 공동체 속의 나눔, 봉사, 헌신, 교제의 부족은 '외로움'을 느끼게 하여 인간관계를 그립게 하였다(정근하, 2012).

하지만 이러한 연구 결과가 일본이라는 외국에 거주하는 한국인이 그 연구 대상임을 감안할 때에, 한국에 거주하며, 가족을 포함한 친척, 친구, 동료, 이웃 등 더 넓은 인간관계를 가지고 살아가는 한국인에게도 적합한 연구 결과인지는 확실하지가 않다.

II.
하나님 이미지와 상담

한국에 1951년 문의학이라는 과목으로 기독(목회)상담학이 소개되었으며, 기독교가 심리상담에 있어서 어떠한 역할로 개입될 것인지에 관하여 연구가 있었다. 그러한 논문들 중에서 권수영(2004)은 심리학의 방법론에 신학의 방법론을 병행하여 기독교적 상담 방법론을 제시하였다.* 여기에서 신학은 신에 대해 이성적으로 탐구하는 학문을 의미하는 것이 아니라, 개인의 사고와 행동에 영향을 주는 '보이지 않는 힘'으로서, 종교적인 표현으로는 '신적인 것들'이며, 심리학적 표현으로는 "대부분 무의식적으로 지배받는 심리적 구조를 형성하는 요소"(권수영, 2004,

---

* 권수영, "임상현장의 작용적 신학: 기독교상담의 방법론적 정체성," 「한국기독교 상담학회지」, 7(2004), 100-123.

103)를 일컫는다.

내담자들은 상담 현장에서 그들의 삶의 문제를 이야기하지만, 실은 그 속에 그들의 신학을 담고 있다는 것이다. 그리고 이 신학은 그들이 의식적으로 인식하는 '신'에 대해서 고백하는 신앙고백적 신학(Professed Theology)과는 다르며, 삶 속에 역동적으로 실재하고 영향을 미치는 "신적인 것들"로서 이는 작용적 신학(Operational Theology)이라고 일컬어진다.

내담자의 문제 속으로 내담자를 더욱 깊이 침잠시키는 이것이 목회상담학적 용어로는 작용적 신학이요, 심리학적 용어로는 의식하지는 못하는 비합리적 신념과 유사하다. 표현하는 용어들은 다양하나 그 실재의 본질은 같은 것으로서, 한 인간을 고통받게 하며, 그 고통에서 쉽게 빠져나가지 못하도록 단단히 옥죄고 있는 '무엇'이다. 따라서 그렇게 옥죄고 있는 그 '무엇'으로부터 내담자를 벗어나게 돕는 것이 기독교 상담사의 역할이며, 이에 대해서 머얼 조던(Merle Jordan)은 그의 책『목회상담사의 지상 과제』(The Task of the Pastoral Counselor)에서 '신들과 씨름하는 일'(taking on the gods)은 목회상담의 중요한 책임이며 중요하다고 말하였다.

그렇다면 기독교 상담사는 그 신들과 어떻게 씨름을 하여야 하는가? 첫째, 내담자의 작용적 신학을 밝히는 것이다(권수영, 2004). 여기서 주의할 사항은 절대로 내담자가 고백하는 신학이 작용적 신학이 아님을 잊지 말아야 한다. 작용적 신학은 내담자 자신도 의식적으로 알고 있지 않은 영역일 가능성이 높기 때문이다.

따라서 내담자의 작용적 신학을 밝히기 위해서 우선 내담자의 '궁극적 권위'(ultimate authority)의 인물이 누구인지 그리고 그 권위로부터 어떻게 대우받고, 인정받았는지를 탐색한다. 왜냐하면 이 '궁극적 권위의 이미지'와 '자기 이미지'(self-image)는 많은 연관이 있기 때문이다. 여기에서 '궁극적 권위의 이미지'가 곧 작용적 신학이며, 하나님 이미지(images)이고, 반면에 신앙고백적 신학은 하나님 개념(concepts)이라고 설명되기도 한다.

따라서 기독교 상담사는 내담자의 작용적 신학인 권위의 이미지를 알아내고, 신앙고백적 하나님과 이 작용적 하나님이 통합되도록 하여야 한다. 그러나 이 작업, 즉 작용적 신학인 내담자의 '우상'을 깨는 역할은 하나님의 몫으로, 우리 기독교 상담사의 역할은 "인간 심리 가운데 작용하시는 하나님을 탐험하면서, 내담자와 상담자 가운데 일하시는 하나님의 변화의 사역에 동참하는 것"(권수영, 2004, 59)이다.

1. 하나님 이미지(Images)와 하나님 개념(Concepts)

하나님 이미지와 하나님 개념을 구분지어서 다르게 정의내리기도 한다. 리주토(Rizutto, 1979)는 하나님 이미지(image) 혹은 형상(representation)과 하나님 개념(concept)을 구분하였다. 하나님 이미지(image)는 대개 부모님인, 초기 돌봄자들과의 관계에 주로 기인한 하나님에 대한 감정적, 개인적인 이미지를 말하며, 반면에 하나님 개념(concept)은 주로 신에 대한 신학적 이해와 개념적, 지적, 의식적인 신에 대한 이해에 기인한다.

또한 하나님 이미지(images)를 작용적 신학으로, 반면에 하나님 개념(concepts)은 신앙고백적 신학으로 표현되기도 하였다(권수영, 2004). 이에 데이비스(Davis, 2013)는 하나님 이미지(images)와 하나님 개념(concepts)에 대한 정의, 기능, 표상, 정보처리, 가변성에 대한 개념적인 차이를 여러 학자들의 연구에 근거하여 설명하였다.

이러한 연구들을 요약해보면, 하나님 이미지(images)는 곧 작용적 신학이라는 것, 신에 대한 마음의 지식, 관계적, 감정적 경험과 관련이 있으며, 따라서 우리의 뇌에서는 우반구와 관련이 있고, 심리적으로는 의식보다는 더 깊은 영역인 전의식과 무의식과 관련이 있다. 이와 관련된 정보는 반사적, 자동적, 종합적으로 처리되며, 하나님 이미지를 바꾸기 위해서는 우뇌에서 우뇌로 구현된 경험들로서, 강하고 반복적인 정서적 경험이나 의미 있는 관계적 경험을 통해서 가능하다. 따라서 하나님 이미지(images)는 의식적이며, 논리적인 정보나 지식에 의해서 바꾸기는 쉽지 않다는 것을 의미한다. 반면 하나님 개념(concepts)은 신앙고백적 신학, 신에 대한 머리의 지식이며, 명시적·의도적 배움을 통해 배우며, 심리학적으로는 의식 단계에서 이루어진다. 이것과 관련된 정보는 순차적이고 분석학적인 방식으로, 이성적 정보처리 시스템에 의해서 처리된다. 따라서 증거와 논리가 뒷받침되는 명시적 지식에 의해서 이러한 하나님 개념을 바꿀 수 있다.

한 개인에게 있어서, 인지적으로 하나님에 대해서 배워서 알고 있는 하나님 개념이 삶에 영향을 미치는 하나님 이미지와 달라서 이를 해결하기 위해서 심리치료를 받는다. 따라서 하나님 이미지를 개선하는 것에 심리치료의 효과가 어떠한지, 이를 탐색한 임상적 연구들이 있다. 이러한 연구들은 주로 외래환자나 입원환자들을 그 연구대상으로 개인 혹은 집단 심리치료를 사용해서 하나님 이미지 변화에 긍정적인 결과들을 보여주었다(Teasdale et al., 1993).

2. 하나님 이미지에 대한 연구

이미 하나님 이미지에 대한 연구는 서구에서 100년 이상 이루어져왔으나, 주로 서양 문화를 배경으로 한 나라들에서 이루어졌다. 또한 하나님에 대한 연구는 주로 대상관계에 근거하여 많이 이루어진 것이 사실이다. 서양의 여러 나라들뿐만 아니라, 한국에서도 하나님 이미지는 주로 어린 시절 첫 돌봄자와의 관계에 근거한 대상관계이론이나 애착이론에 근거하여 이루어졌다.

이후 개인의 심리적인 구조는 첫 돌봄자와의 관계에 근거한 개인적인 요인들도 영향을 주지만, 집단적인 사회적 요인들도 영향을 준다는 것에 학자들이 관심을 가지게 되었다. 따라서 한국에서도 한국인들의 하나님 이미지에 대해서는 한국인의 언어, 종교와 정서를 탐구하여 하나님 이미지에 영향을 주는 집단적이고 문화적인 요인들과 대상관계를 근거로 한 개인적인 요인들로 연구되었다(Kwon, 2001, 2003, 2005). 또한 한국인의 정서를 이루는 샤머니즘, 불교, 유교, 도교 등과 관련하여 하나님 이미지를 형성하는 문화적인 요인들을 살펴보기도 하였다(Kim, 2005).

이에 본 글에서는 대상관계에 근거한 하나님 이미지뿐만 아니라, 선행된 연구들에서 제시하는 집단적, 문화적 요인들이 한국인 하나님 이미지 형성에 어떠한 역할을 하였는지도 살펴보고자 하였다.

III.
가나안 교인의 하나님 이미지 경험

1. 개인적인 하나님 이미지

하나님 이미지로 떠오르는 것을 자유스럽게 묘사하였다. 아홉 명의 교인들에게는 긍정적인 이미지의 하나님으로 묘사되었고, 두 명의 교인들에게는 부정적인 이미지의 하나님으로 묘사되었다. 그리고 한 명의 참여자에게는 긍정적인 것도 부정적인 것도 아닌 이미지였고, 또 한 명은 잘 모르겠다고 대답하였다. 〈윤정아〉는 부정적인 것과 긍정적인 것 모두를 묘사하기도 하였다.

긍정적인 이미지만 묘사한 여덟 명의 교인들에게 하나님은 '불안을 잠재우는 단단한 반석, 늘 함께하는 공기, 보호해 주는 거대함, 조용하시고 인자하신, 찬란하고 아름다운, 신비롭고 늘 그 자리에 계시면서 피할 수 있는 안개, 누구나 알고 싶고 마음속에 있으며 포용해주시는 산타클로스 할아버지와 같은, 통쾌하고 유쾌하게 해결해 주시는 역전의 하나님'이시다.

내가 의지할 수 있겠다. 반석. 흔들리지 않는 단단함. 돌. 지금도 그런 것 같아요. 불안하고 흔들리는 나를 잠재울 수 있는. 〈이진호〉

하나님은 공기와 같아요. 보이지는 않지만 늘 함께 계시고, 공기처럼 저에게 필요한 존재요. 〈박미경〉

절실하시면 들어주시는 하나님. 그리고 믿고 신뢰하고 의지할 수 있는 하나님. 저를 한 번도 실망시키시지 않는 하나님. 이미지는 안 바뀌었고 오히려 더 신뢰 속에 들어갔다. 무언가 거대하지만 내 앞에 계시는 것. 그러나 나를 억압하거나 조종하는 하나님이 아닌 바라보시는, 위험한 데 가면 알려줘야지 보호해 주어야지. 늘 안전하게 보호막이 되어 주시는. 지금도 거대하게 흰 옷을 입은 거대한 하나님 그런 느낌. 앞에 아이들을 막 안고 있는. 어린아이들을 되게 사랑하시는. 네가 어린아이처럼 되어야 한다. 순수함. 사리사욕을 채우지 않고. 그래서 저는 정말 이러한 것이 저에게 주어진다면 하나님을 위해서 쓰고 싶다. 〈진미정〉

하나님은 조용하시고 인자하시고. 〈최은진〉

우주를 포함한 세상을 관장하는 무엇. 내가 알지 못하는. 내가 알지 못하는 섭리일 수도 있지. 아름다움. 모든 것을 포함하는 것. 찬란함. 누구나 매혹당하고. 〈신유경〉

안개. 약간 하얗고 밝은 이미지인데 이렇게 넓게 있는데 약간 불투명해서 잘 안 보이는. 명확하게 잘 알지는 못하겠는데 항상 거기에 있으면서 내가 언제든지 피할 수 있는 느낌. 〈강준영〉

산타클로스 할아버지. 산타클로스 할아버지는 누구나 원하잖아요. 누구나 원하고 마음속에 있는. 성탄절에 찾아오는 것처럼, 보고 싶고 알고 싶고, 모든 사람을 포용하는 분. 〈나민아〉

하나님은 역전의 하나님이라구. 야구 방망이 드시고 유쾌하시기도 하고 큰 능력을 가지신 분이신데 친근하시기도 한 그런. 힘든 상황에서 통쾌하게 해결하시는 분. 〈한수진〉

〈윤정아〉는 긍정적인 이미지와 부정적인 이미지를 모두 묘사하였는데, 그녀에게 하나님은 항상 자애롭고, 공평하시기도 하지만, 인간의 운명을 정해놓고 조종하여 고약하고 못됐다는 느낌도 든다. 그리고 〈임선희〉도 하나님의 이미지에 대해서 긍정적인 것보다는 부정적인 이미지를 더 많이 느끼는 듯하다. 그녀에게 하나님은 엄격하고, 완벽한 아빠이고, 그녀를 부족하다고 느끼시는 분이다. 그리고 이러한 모습은 그녀의 실제 아버지와는 많이 다르다고 설명하였다.

하나님은 항상 자애로운 존재 같아요. 근데 어떤 때는 이런 생각이 들어요. '못됐다. 인간보다 더 못됐다.' 신이. 그 인형놀이를 할 때 인형에 실이 달려있고 실을 조종하잖아요. 신이 조종을 하고 있는 느낌. 너의 운명은 이거야. 이 삶은 아니라고 발버둥치더라도 신이 이런 길을 이미 정해놨어. 생긴 것부터 시작해가지고, 네가 해야 할 일 등 모든 루트를 모두 그려놓고 그 안에서 이 사람이 변동이 있기도 하지만 크지 않다는 생각이 들어요. 어떤 때에는. 그래서 신이 되게 고약하다는 생각이 들을 때도 있었고. 그래도 어떤 때는 그래도 공평하게 하려고 하는구나. 그런 생각이 들어요. 〈윤정아〉

근데 나한테 하나님의 이미지는 항상 사랑스럽다기보다는 엄격한 이미지가 더 강한 것 같거든요. 그때나 지금이나. 하나님의 이미지는 완벽한 아빠. 남자. 사람. 우리 아빠와는 다르지만. 하나님이 나를 보시면 부족하다 느끼실 듯. 그런 느낌. 〈임선희〉

마지막으로 하나님 이미지에 대해서 잘 모르겠다고 대답한 〈민진석〉과 긍정적, 부정적 이미지로 하나님을 묘사하기보다는 빛이라는 존재로 묘사한 〈정지훈〉의 이야기가 있다.

하나님은 글쎄요 잘 모르겠네요. 〈민진석〉

빛. 빛을 내는. 검정은 아무 것도 없다는 것이고 뭐가 있다는 것이므로. 밝은 빛, 차가운 빛 모두. 존재 자체가 빛일 것 같아. 〈정지훈〉

2. 하나님 이미지와 어린 시절

어린 시절의 초기 돌봄자들과의 관계가 하나님 이미지를 형성하는데 크게 영향을 준다는 여러 학자들의 의견이 있다. 그래서 교인들의 어린 시절 이야기를 들어보았으며, 다른 어떤 내용보다도 길고 자세하게 나눠준 이야기였다. 지금도 생생하게 남는 것은 교인들이 이 이야기를 나누며 많이 감정에 젖었던 것이다. 눈시울이 붉어진 분들도 계셨고, 벅차하며 눈물을 흘리신 분들도 계셨다.

이야기들을 비슷한 주제별로 모아보니, 다섯 주제로 모아졌다. '비교로 인한 부족감, 분리불안감, 기대에 대한 불안감, 관계적 불안감, 경제적 불안감'이다. 가장 많은 교인들이 이야기한 것은 큰 언니와 비교해서 부족함을 느끼는 마음과 또 그만큼 덜 부모님에게서 사랑과 관심을 받은 것에 대한 아픈 이야기가 있었다. 이 이야기는 〈진미정, 윤정아, 신유경, 나민아〉의 주제이다. 그 다음 주제는 부모님과 떨어져서 어린 시절을 보낸 이야기로, 〈민진석, 한수진〉의 주제이다. 그리고 자녀들 중에서 유일한 아들로 태어나서 부모님, 특히 아버지의 존재를 크게 느끼고 부담감을 가지며 생활했던 주제가 있었으며, 이는 〈이진호, 정지훈〉의 주제이다. 네 번째 주제는 형제가 많았어도 부모님에게서 사랑을 듬뿍 받았던 이야기이며, 이는 〈박미경, 최은진〉의 주제이다. 그리고 마지막 주제는 불안함이다. 〈임선희〉는 정확한 이유는 기억나지 않지만 아버지의 사업문제로 아버지가 잠시 안 계시기도 하셨고 그 일로 집안 분위기가 많이 어둡고 불안했던 것으로 기억했으며, 〈강준영〉은 부모님의 잦은 다툼으로 불안을 느꼈다고 이야기하였다.

첫 번째 주제이다. 큰 언니가 공부를 잘해서 부모님의 예쁨과 관심을 독차지하고, 이와 비교해서 본인이 부족하다고 생각하여 본인의 능력을 마음껏 펼치지 못한 아쉬움과 아픔을 이야기하였다. 이 주제에 대해서 이야기한 〈윤정아, 신유경, 나민아〉는 모두 둘째 딸이고, 〈진미정〉은 위에 큰언니와 오빠를 둔 둘째 딸이다. 이러한 어린 시절을 보낸 것에 대해서, 큰 언니와 부모님에 대해서 교인들 모두 지금은 어느 정도 이해하게 되었다고 한다.

1남 3녀 중에 셋째. 밑에가 남동생. 한 가지 뭐냐면 언니가 공부를 되게 잘 했어요. 큰 언니가. 아버지가 언니를 너무 예뻐하셨어요. 언니를. 그러니까 저한테 상처라면 언니를 따라갈 수 없는, 따라갈 수 없게끔 아버지가 언니를 너무 예뻐하시고. 우리도 잘 대해주셨지만. 그래서 내가 더 잘할 수 있는 게 막아졌던 부분들이 있었던 게 내가 자라면서 느꼈던 거였어요. 〈진미정〉

아빠가 돌아오면 밤에 깨워서 공부를 가르치는 거죠. 11시쯤. 큰 언니 같은 경우에는 한글을 다 익혀서 학교에 들여보냈어요. 그러니까 둘째도 그렇게 해야 하는 거죠… 주눅이 든 마음이 되게 컸었지요. 〈윤정아〉

우리 언니를 너무 예뻐해서. 옛날에는 식구들이 있으면 이렇게 김을 구웠거든. 그리고 간장에 싸 먹었잖아. 우리 언니는 몰래 한 장 더 주는 거야. 이런 편애를 느꼈다는 거. 〈신유경〉

어렸을 때 고모할머님이 돌봐주셨어요. 매일 오셔서. 근데 제가 못되게 군 것 같아요. 밥투정도 하고. 싫다고 하고. 그리고 아빠가 언니를 많이 예뻐하셨어요. 언니가 뛰어나게 공부를 잘하니까. 언니는 어렸을 때부터 저에게 넘을 수 없는 산 같아요. 〈나민아〉

두 번째 주제이다. 어린 시절을 부모님과 떨어져서 친할아버지나, 외가댁 식구들 속에서 자라며 느낀 부모님에 대한 그리움에 대한 이야기이다. 〈민진석〉은 어려서 부모님과 떨어져서 친할아버지와 살았다. 다른 형제들과 부모님은 아버지 직장 때문에 서울로 이사를 갔고, 막내인 성도는 혼자 시골에 남아서 할아버지와 중학교 1학년까지 지냈다. 엄마가 오셨다 가시면 따라가고 싶었지만, 부모님 말씀을 들어야 하기에 같이 가고 싶다는 이야기 한 번 하지 못했다고 한다. 그런 시절에 대한 원망은 없지만, 그리움으로 사무치던 시절로 기억한다. 〈한수진〉 역시 부모님이 일로 바쁘셔서 외가댁 식구들과 어린 시절을 보냈다. 그 시절에 대한 기억이 별로 없다는 그녀는 본인의 생각을 잘 표현하지 못하고 상대에게 맞추어주려는 성향이 그 시절 외가댁 식구들의 눈치를 보며 자란 어린 시절 영향인 것 같다고 이야기하였다. 바쁜 상황이 이해는 되었지만, 엄마와 아빠의 더 친근한 관심과 애정 표현이 그리웠던 시절이었다.

중학교 1학년까지는 부모님과 떨어져 살았습니다. 부모님은 서울에서 살았고 저는 할아버지랑 시골에서 살았었는데 항상 그리웠어요. 부모님이랑 떨어져 살아가지고 와서 며칠 밥해주다가 서울로 가게 되면 따라가고 싶었는데 못 따라갔지요. 엄마가 아프셔 가지고. 〈민진석〉

제가 어린 시절에 장사를 하셔서 외가댁에서 컸거든요. 초등학교 들어갈 때까지 외가댁에 있었고. 학교에 들어가면서 학교에

다닐 때는 엄마 아빠와 살다가 방학 때에는 외가댁에서. 4학년
정도까지… 칭찬 받고 싶고, 다정하신 분들은 아니시니까, 그 표
현을 잘 못하시니까. 사랑을 표현하는 것을 듣고 싶었거든요.
〈한수진〉

　　세 번째 주제이다. 많은 형제들 중에서 외아들인 〈이진호, 정
지훈〉은 모두 아버지를 많이 의식했던 경험과 부모님의 큰 기대
에 대한 부담감을 이야기하였다. 〈이진호〉는 어린 시절을 잘 기
억하지는 못했지만, 아버지를 많이 무서워했었다는 어머니의 이
야기와 그리고 1남 3녀 중 셋째인 외아들로 다른 형제들보다 부
모님의 관심, 특혜를 누렸지만, 그만큼 부담도 컸다는 이야기를
하였다. 마찬가지로 〈정지훈〉도 1남 4녀 중에 막내이자 외아들
이었으며, 부모님의 기대와 관심이 남달랐다. 기대가 크시다는
것을 알기에 그것에 맞추려고 하였지만, 자신이 원하는 것이 아
닌 부모님의 기대에 맞추려고 하다 보니 부작용도 있었다. 특히
강하고, 본인보다는 타인을 더 배려하고 참으라는 아버지의 가
르침 속에서 그는 인정받지 못하는 자신을 사랑하는 방법은 배
울 수 없었다. 그가 지금까지도 본인의 욕구나 행복을 위한 삶을
찾고 누리기보다는 타인 중심의 삶을 살고 있어 이제는 자신을
사랑하며 행복을 누리고 싶다고 그의 마음을 전했다.

　　식구들하고 같이 식사를 하는데 내가 아버지를 무서워했나 봐

요. 아버지 앞에 있는 반찬을 가져오지 못했다는 거죠… 아들 하나고 그러니까 나는 좀 특수한 대접을 받았던 것 같아요. 어릴 때나만 항상 계란을 먹었으니까요. 다른 형제들은 그렇게 많이 못먹었어요. 가족이 고향을 떠난 동기가 나를 서울에서 공부시키려고 그랬으니까요. 어떻게 보면 다 나 때문에 이사를 온 거죠. 기대를 많이 했을 것 같아요. 〈이진호〉

어머니는 나에 대한 기대가 크셨을 것이고, 아버지는 더 크셔서 인정을 안 하셨던 것 같아요… 항상 강하라고만 하셨고. 항상 남을 더 생각하라는 이런 거요. 〈정지훈〉

네 번째 주제는 어려서 부모님에게서 많은 사랑을 받은 이야기이다. 위의 세 주제는 어린 시절의 아픔과 관련이 있는 내용이었다면, 이 주제에서는 어린 시절에 누리던 사랑과 관심에 대한 내용이다. 〈박미경〉은 외모로나 학교 성적으로나 다른 형제들에 비해서 많이 부족한데도 부모님들이 많이 사랑해주셨다며 이제 생각해보니, 그러한 사랑으로 본인이 많이 부족함에도 이후에는 곳곳의 리더 역할을 하면서, 성격이 밝은 것 같다고 이야기하였다. 〈신유경〉은 어린 시절에 대해서 어머니의 사랑과 참여자 본인에 대한 신뢰감에 대해서 이야기하였다.

저희가 삼남매인데, 오빠와 동생은 머리가 굉장히 똑똑해요. 머리가 아주 비상해. 그래서 수업료 내고 다닌 게 저 하나예요. 다 장학금 받고 다녔으니까요. 근데 저는 공부를 잘 못했어요. 그러면 열등감이 있어야 되잖아요. 그리고 저는 못생겼어요. 오빠랑 동생은 너무 잘 생겼었어요. 열등감이 생길만도 한데, 근데 저는 그런 게 없어요. 저는. 그래서 제가 생각해 볼 때 부모님의 사랑을 정말 많이 받고 살아서 그런 생각이 안 들지 않았나 해요. 〈박미경〉

3남 4녀에서 내가 둘째 딸이거든. 근데 내가 엄마를 많이 닮았어. 엄마가 많이 호탕하시고 대범하셨거든. 내가 많이 닮아서 그러셨는지 엄마가 나를 많이 예뻐해 주시고 의지하셨지. 그게 기억이 나네. 〈신유경〉

마지막 주제는 어린 시절 느꼈던 불안감에 대한 이야기이다. 〈임선희〉는 아버지의 사업문제로 얼마동안 아버지가 집에 안계셨고, 경제적으로 힘든 시간을 보냈다고 한다. 이유는 정확히 기억하지 못하지만, 그래서인지 어린 시절이 본인은 우울하고 어둡게 기억된다고 하였다. 〈강준영〉은 아주 어린 시절은 기억이 없고 다섯 살 무렵 부모님이 자주 다투시는 것을 보며, 큰 불안감을 느꼈다고 한다.

어렸을 때, 집에 안 좋은 일이 있었거든요. 아빠도 한동안 안 계시고 동업하셨던 분 때문에 일이 있었지요. 그래서 그런가? 난 어린 시절이 좋게 기억이 되질 않아요. 많이 불안했던 것 같아요. 〈임선희〉

시기는 정확히 기억이 안 나는데 부모님이 자주 다투었을 때가 있었죠. 불안정한 느낌. 사랑하는 두 분이 다투니까 불안하다. 〈강준영〉

3. 하나님 이미지와 현재의 삶

하나님 이미지는 평생 고정되는 것이 아니라, 첫 돌봄자, 형제, 사회, 문화 등 생활의 환경여건을 통해서도 계속 변화한다고 알려져 있다. 그리고 정말 저 깊은 내면의 하나님 이미지는 하나님 개념(concept)과 달라서 본인이 잘 알지 못하는 경우가 많다. 이번에는 교인들이 현재의 생활 속에서 고민하는 문제들을 들어보고, 그것들을 그들이 가지고 있는 하나님 이미지와 관련하여 살펴보았다. 그러나 하나님 이미지는 본인도 잘 모르며, 또한 몇 시간에 걸친 짧은 인터뷰를 통해서 저 깊은 내면을 살피고 드러내는 작업이 이루어지기란 쉽지 않다. 따라서 그들의 하나님 이미지를 보여주는 그들이 가진 고통을 살펴볼 수도 있지만, 그렇지 않더라도 현재를 살아가는 청년부터 노년까지 즉, 20대부터 80대 후반 연령대 사람들의 상담 주제인 삶 속의 고민들을 살펴볼 수 있다. 드러난 6주제는 '직장과 경제적인 불안감, 비교로 인한 부족감, 타인중심의 억압된 감정과 욕구, 분리불안, 생존에 대한 불안감, 건강에 대한 염려'이다.

또한 하나님 이미지가 어린 시절 첫 돌봄자와의 관계에 의해서 형성된다는 의견과 또 그것을 포함하면서 그 외의 다른 환경적 요소들에 의해서도 변화하며 형성된다는 의견이 있는 만큼 앞 장의 하나님 이미지와 어린 시절의 주제들과 함께 관련지어서 살펴볼 필요도 있다.

교인들이 가지고 있는 현재 삶 속의 고민들을 주제별로 나누어 보면, 총 다섯 개의 주제로 분류되었다. 첫 주제는 직장과 경제적인 문제에 대한 불안이다. 이 주제는 한 가정을 경제적으로 책임지는 〈이진호, 박미경〉뿐만 아니라 이제 대학교 3학년과 4학년생인 20대 중반의 청년들의 문제이기도 하였다. 따라서 〈강준영, 나민아〉도 미래에 가지게 될 직장과 경제적인 문제에 대해서 이야기하였다. 두 번째 주제는 건강에 대한 염려이다. 가장 고령인, 〈신유경〉은 본인의 건강을 염려하기보다는 가족들의 건강과 마음의 평안을 바라셨다. 또한 〈민진석〉은 14년 전에 암으로 큰 수술을 받고 현재도 항암제를 복용하면서 그 부작용으로 불면증과 고통으로 힘든 시간을 보내고 있다. 더 건강해져서 오래 살기를 바라는 것보다는 현재 불면증과 부작용으로 인한 고통이 없어지기를 바란다. 세 번째 주제는 본인의 욕구나 감정에 충실하지 못해서 힘들다는 이야기이다. 〈정지훈, 한수진〉이 이 주제에 대해서 이야기하였다. 네 번째 주제는 〈윤정아〉의 이야기이며, 자녀들에 대한 미안함과 염려이다. 다섯 번째 주제는 〈임선희〉의 이야기로 삶에 대한 불안이 너무 커서 자녀를 갖는 것을 고민 중이다. 마지막으로 〈진미정〉은 삶에서 문제라고 생각하는 것이 없다고 하였다.

첫 번째 주제인 미래와 관련된 직장과 경제적인 문제에 대한 불안은 〈이진호, 박미경〉의 이야기에서 엿보였다. 모두 50대 중반으로 한 가정의 경제를 책임지는 아빠와 엄마이다. 〈이진호〉는 그 불안이 너무 커서 직장에 가는 것도 즐겁지가 않고 은퇴까지 잘 버틸 수 있을지도 염려가 된다. 또한 은퇴 이후의 미래의 삶에 대해서도 염려가 되는 것은 마찬가지이다. 〈박미경〉역시 엄마로서 대학생인 두 자녀를 뒷바라지하며, 경제적인 문제가 가장 크게 다가온다. 생존을 위해 직장과 경제력은 건강과 더불어 가장 기본적인 조건으로 50대의 가장들만 고민하는 문제가 아니라 아직 대학생인 〈강준영, 나민아〉처럼 미래를 준비하는 이들에게도 가장 큰 고민이다. 그리고 이러한 이야기는 요즘처럼 청년 직장이 많이 부족한 시기에 청년들이 많이 힘들어하는 현실을 그대로 반영한다.

첫째는 회사 가는 것이 즐겁지가 않고 불안도 해요. 내가 과연 잘 버틸 수 있을까? 젊은 애들이 점점 이제. 내가 하는 일도 누구나 하는 일이고… 〈이진호〉

경제문제… 그런 건 있어요. 며칠 전에 고민이 있으면 침대에 아무 생각 없이 누워 있었는데… 〈박미경〉

지금은 완전히 진로 걱정. 뭘 하면서 먹고 살아야하나? 〈강준영〉

진로걱정이요. 무엇을 해서 돈을 벌고 살아야 하나 그런 생각이요. 〈나민아〉

두 번째 주제는 건강에 관한 것이다. 〈최은진〉은 건강이 삶의 문제라기보다는 바람이다. 특히 자녀들이 육체적으로 정신적으로 건강하게 살아주기를 바랄 뿐이다. 하지만 〈민진석〉에게는 좀 더 진지한 현재의 문제이다.

지금은 가족들이 모두 건강하게 살았으면 좋겠다. 그거지 뭐. 모두들 건강하면 더 바랄게 뭐가 있어. 건강하게 마음 편하게 잘 살아주는 거. 〈최은진〉

내가 조금 살아도 좋은데 고통 없이 살게 해달라고. 어떤 때는 그런

생각도 했어요. 〈민진석〉

세 번째 주제는 본인의 감정과 욕구는 알지 못하고, 타인에게 맞추어주면서 정작 본인은 행복을 느끼며 살지 못한다. 〈정지훈, 한수진〉은 이렇게 타인의 입장만을 배려하고, 눈치보는 태도가 자신의 어린 시절 부모님과 관련이 있다고 이야기한다.

아버지가 남을 더 생각하라고 하셨죠. 그러면서 스스로를 바라보는 게. 남은 더 챙기는데, 스스로는 더 낮추고. 그게 아직까지 있는 거죠. 〈정지훈〉

제가 가지는 욕구나 감정을 파악을 잘 못하고. 그걸 표현을 못하고 쌓아두는 거요… 채워지지 않아서 사랑을 받고 싶으니까 눈치를 보고. 〈한수진〉

네 번째 주제는 자녀에 대한 미안함과 그들에 대한 걱정이다. 〈윤정아〉는 자녀들의 이야기를 하며 감정이 북받쳐서 오래 울었다. 자신이 어려서부터 큰 언니와 비교해서 많이 부족함을 느꼈고, 그것이 평생 자신이 부족하다는 생각을 갖게 했다는 것이다. 그리고 그러한 자신의 부족함을 느끼는 것을 아이들이 반복할까봐서 미안하다는 것이다.

애들 얘기 하면 눈물이 막 떨어져요. 왜냐하면 내가 다 해주지 못한 미안함. 부모가 다 마찬가지겠지요. 애들이 자라면서 내가 모르게, 내가 의도하지 않아도 애들이 상처를 받았겠다…. 〈윤정아〉

다섯 번째 주제는 삶에 대한 큰 불안감이다. 아이를 가지는 것을 미루다가 어느덧 40대 중반이 되어버린 〈임선희〉는 자녀를 가지려면 결정해야 하는 것임에도 계속 미뤄왔다. 몇 년 동안 계속 고민하는 문제이다. 행복하지 않았던 어린 시절을 되돌아보며, 그러한 것을 그녀의 아이가 겪을 것을 생각하면 자녀를 키울 자신이 없다. 어린 시절의 뭔지 모르는 커다란 불안감이 지금의 그녀에게도 영향을 주고 이것은 그녀의 하나님 이미지에도 영향을 주는 것은 아닐까 생각해 본다.

아이를 낳아야하나 말아야 하나 많이 고민했어요. 지금도 생각 중이고. 아이를 보면 갖고 싶기도 하고. 근데 내가 별로 갖고 싶지가 않나 봐요. 어린 시절이 그리 행복한 기억이 없었다고 했잖아요. 그래서 지금 아이 갖는 것도. 아이가 태어나서 나처럼 살 텐데. 〈임선희〉

마지막으로 〈진미정〉의 이야기가 있다. 그녀의 이야기는 주제에 넣지는 않았다. 그녀는 문제가 있더라도 본인은 어찌할 수 없고 하나님의 때에 해결될 것이니, 그녀에게는 하나님의 법을 지키며 하루하루를 살아내는 것이 더 중요하기 때문이다.

요즘은 문제라고 생각하는 것이 거의 없어졌다. 왜냐하면 하나님의 때에 이루어진다는 확신이 저에게 있기 때문에. 전에는 이렇게 되었으면 좋겠다. 저랬으면 좋겠다. 이런…. 그러나 이제는 내 계획대로 안 된다는 생각을 하고. 그리고 하나님은 언약하셨고 이루신다. 그러나 조건은 하나님 법대로. 하나님의 시간이 중요하지 나의 시간이 중요하지 않다. 그것 때문에 그런 게 거의 없어졌어요. 그러나 가장 중요한 것은 하나님의 말씀 안에 내가 있는 것. 〈진미정〉

현재 삶 속에서 가지는 심각한 문제들을 아홉 명의 교인들이 이야기하였다. 그중에서 어린 시절 부모님과의 관계에서 만들어진 하나님 이미지가 현재 삶 속의 문제와 많이 관련이 있다고 〈윤정아, 임선희, 정지훈, 한수진〉이 이야기하였다. 그리고 〈이진호, 박미경, 강준영, 나민아〉는 직장과 경제적인 문제가 가장 큰 것으로 이것은 어린 시절 부모님과의 관계에 의한 문제라기보다는 현재의 사회 환경적 요인으로 인해 만들어진 고민인 것 같다고 덧붙였다.

3부

가나안
교인
돌봄과
상담

—

I.
가나안 교인 이해
― 목회신학적 성찰

목회신학자인 단 브라우닝은 다양한 의견들이 공존하는 현대에 다양한 경험들과 의견들을 깊이 있게 이해하기 위해서는 신학뿐만 아니라, 심리학과 다른 타학문들과의 비판적인 대화가 중요하다고 강조하였다. 이러한 대화들을 통해서 다양한 가치들 속에서도 실행 가능하고 적합한 윤리적 규범을 제시하는 것이 목회신학의 과제라고 주장하면서, 신학이 종교적 차원에 머무르는 것이 아니라 종교인이 아닌 이들에게도 의미를 줄 수 있는 공적인 차원으로 앞서 나아가기를 기대하였다.

이에 가나안 교인들에 대한 좀 더 깊은 이해를 위하여 단 브라우닝의 다섯 가지 차원의 실천 도덕적 사고(practical moral think-

ing)의 관점에서 살펴보고, 그들의 신앙과 삶에 대한 이해뿐 만
아니라 공적으로 제시할 수 있는 윤리적 규범과 의미는 무엇인
지 나누어본다.

1. 가나안 교인에 대한 다섯 가지 차원 분석

1) 비전적, 은유적 차원: 나 홀로 신앙

비전적, 은유적 차원에서는 가나안 교인들의 궁극적인 경험
을 보여주는 은유를 활용한다. 세상을 구성하는 가나안 교인들
의 은유적, 상징적 의미들을 통해서, 그들에 대한 통찰과 시각
(vision)을 가짐으로써, 그들을 좀 더 깊이 이해하도록 돕는 차원
이다.

교회에 불참하는 신앙인들을 지칭하는 용어들은 다양해서,
소속하지 않은 신앙인, 가나안 교인, 영적 노숙자, 광야의 목소
리, 나 홀로 신앙 등으로 책에 묘사된다. 이 중에서 이미 많이 알
려진 가나안 교인의 은유보다는 나 홀로 신앙의 은유로 살펴본
다. 열 두 명의 교인들 중에서 현재는 기독교인이 아니라고 확실
히 한 신유경을 제외한 열 한 명은 기독교인이며 거의 혼자서 신
앙생활을 하기 때문에 선택한 은유이다. 이전에 가나안 교인들

에 대한 연구가 가나안 교회를 방문하여 이루어졌기에, '나 홀로 신앙'이라는 은유가 그들에게는 적합하지 않다.

(1) 공동체와 함께하지 않음

교회에 불참하는 이유는 다양하지만, '나 홀로 신앙' 생활을 하는 이유는 크게 두 부류이다. 첫 번째 부류는 교회에서 요구하는 봉사, 모임, 예배에서 만족감을 얻지 못하여 자의로 선택한 이들〈이진호, 박미경, 진미정, 윤정아, 임선희, 민진석〉이다. 두 번째 부류는 학업〈강준영, 나민아〉, 이사〈정지훈, 한수진〉, 다른 가족 구성원들에 대한 배려〈최은진〉와 같은 환경적인 이유가 더 큰 이들이 있다.

그 이유는 다르지만, 두 부류는 교회의 공동체와 함께하지 않는다는 공통점을 보인다. 이는 곧 공동체와 함께하는 신앙생활과 개인적인 신앙생활이 어우러진 신앙생활이 아니라, 개인적인 주님과의 만남에 의존하는 신앙생활을 의미하며, 개인적으로 다양한 예배 시간, 장소, 요일을 보였다.

예배를 주일과 평일에 뜻이 맞는 소수의 인원과 함께 집에서 드리면서 한 명의 리더가 인도하는 것이 아니라 모든 인원이 자발적으로 예배를 인도한다〈진미정〉. 또한 주일에 드리더라도 교회의 예배당이 아닌 자신의 집에서 컴퓨터를 통해서 인터넷예배를 드리는가 하면〈한수진, 정지훈〉, 한 교회를 정해놓지 않고 여러 교회에 소속 없이 불규칙적으로 참석하는 경우도 있다〈임선희〉. 주일에 교회에는 가지 않지만 주중에 3일 정도 회사 근처의 교회에서 혼자만의 예배를 드리는 경우도 있으며〈이진호〉, 주중 노인 분들을 위한 교회의 노래교실에 참석하며 그곳에서 예배도 드린다〈최은진〉. 또한 대학에 진학한 후에 생활하는 곳이 참석하던 교회와 멀어지거나〈강준영〉, 교회에 함께 다니던 친지들과 떨어져 지내면서 교회에는 한 달에 한 번 정도도 참석하지 못하는 참여자〈나민아〉도 있었다.

따라서 주일에 공동체와 함께 예배를 드리고, 교제를 나누는 신앙생활은 〈진미정〉뿐이다. 나머지 대부분은 혼자서 주일이나 주중에 예배를 드리고, 주일 예배에는 거의 참석하지 않는다.

(2) 개인적인 신앙생활

거의 모든 교인들은 공동체와는 신앙생활을 하지 않고 개인적인 신앙생활만 하고 있다. 〈이진호〉는 경쟁이 가장 치열한 직장에서 주님과의 만남을 더 열망한다. 회사 근처 점심시간을 활용하여 비록 길지 않은 20여 분의 시간이지만 말씀을 외운다. 말씀을 묵상한다. 그리고 주님이 그에게 주시는 평안과 위로, 쉼으로 재충전된다. 주일이면 교인들로 가득 찬 큰 예배당이지만, 주중 점심시간엔 큰 예배당에 거의 그 혼자만이 있다. 예배당 한쪽 벽을 차지하는 유리창을 통해서 따사로운 햇빛이 비춘다. 그 햇빛 속에서 하나님을 느낀다. 따뜻하다. 포근하다. 그리고 느낀다. "수고하였다. 내가 너와 함께 있다." 다시 회사 사무실로 향하는 길을 걸으며, 하늘을 본다. 길가에 핀 꽃들을 본다. 그리고 아름답다고 생각한다. 하나님이 그를 응원하여 주신 선물같이 느껴진다. 다시 시작이다. 하나님과 함께 한 평안을 가슴 깊이 느끼며 다시 일할 기운을 내어본다. 그렇게 주 5일 근무하며 3일 정도는 이러한 시간을 가진다. 온전히 주님을 느끼기 위하여 찾는 발걸음. 그리고 늘 어김없이 그를 다시 일으켜 세워 하루 매 순간을 살아내도록 힘을 주시는 주님을 신뢰하고 느낀다. 그리고 그분이 그에게는 하나님이시다. 주일날 예배당에 나아가서 예배를 드리지 않아도 그는 그가 하나님을 믿는 기독교인이며, 또 그런 그를 하나님도 품어주신다고 믿는다.

많은 스트레스를 주는 직장에서 벗어나 오롯이 하나님과 함께하고픈 마음이 〈이진호〉에게 절실하였다면, 〈윤정아〉는 고등학교 3학년생인 아들을 위해서 성당에 다시 나가고 싶었지만, 아들의 대학입시라는 세상적인 욕구를 하나님께서 들어주시길 원하는 마음으로는 성당에 나가고 싶지 않다. 그렇지만 그녀의 마음은 편하지가 않다. 수험생인 첫째 아들을 위해서 기도하고 싶고, 명예퇴직을 하고 3개월마다 계약을 갱신하며 마음 졸이는 남편에게 힘이 되어 주고 싶다. 그리고 자신을 돌아보는 시간을 가지고 싶다. 그래서 성당에는 참석하지 않지만 집에서 매일 1시간씩 100일 기도문을 읽고 자신을 돌아보며 기도한다. 1년이 넘게 집에서 혼자 기도하다가 좀 지루해졌다. 그리고 힘들고 지칠 때에는 성당에 나가서 미사를 드리고 싶다. 설교를 들으면 좋기 때문이다. 그러나 성당에 나가면 10년 전처럼 봉사하라고 강요할 것 같다. 그래서 기도하며 몸도 움직일 수 있는 것을 알아보고, 열흘 전부터 시작한 것이 108배이다. 108배를 하지만, 불교신자는 아니며 하나님을 믿는다는 그녀이다. 그녀가 108배를 알게 된 것도 그녀 주위에 불교신자는 아니지만 하시는 분들이 있어서 소개를 해주었기 때문이다. 그리고 요즘은 108배를 하며, 운동도 되고, 자신을 돌아볼 수 있어서 좋다는 그녀이다.

이렇게 교회나 성당에 참석하지는 않지만, 자신을 돌아보는 시간과 하나님을 느끼는 시간을 갖는 것은 〈박미경, 진미정, 임선희, 민진석〉도 마찬가지이다. 〈박미경〉은 매일 아침 한 시간씩 기체조와 명상을 하고, 〈진미정〉도 매일 아침 말씀과 기도로 하루를 시작하며, 〈임선희〉는 교회에 참석하지 않았던 지난 7년 동안 매일 아침 출근길에 전철 안에서 말씀을 읽으며 자신을 돌아보았다. 〈민직석〉도 지난 8년 동안 매일 일기를 쓰며 하루를 정리하고 자신을 돌아본다. 이외에 〈강준영, 한수진, 최은진〉도 매일 짧게라도 말씀을 읽고, 기도하며 자신을 돌아보는 시간을 가진다. 따라서 108배를 하는 〈윤정아〉와 기체조와 명상을 하는 〈박미경〉을 제외하고 〈이진호, 진미정, 임선희, 강준영, 한수진〉은 '관상기도'와 같은 명상을 하고 있다.

본인의 의도보다는 환경적인 요인 때문에 교회에 참석하지 않는 〈강준영, 나민아, 정지훈, 한수진〉을 제외하고, 그리고 1년 동안 성당을 불규칙적이게 다녀보았으나 지금은 어떤 종교에도 속하지 않는다는 〈신유경〉과 주일에는 예배에 참석하지 못하지만, 평일마다 교회에서 예배와 노래를 배우는 것으로도 만족한다는 〈최은진〉을 제외한 나머지 6명은 개인적인 믿음생활을 선호한다.

개인적인 믿음생활을 선호해서 교회를 떠났다가 다시 교회로 돌아온 일본에 거주하는 한국인들을 대상으로 한 연구에 의하면, 교회로 다시 돌아온 가장 큰 이유가 "공동체 생활의 결여"로 인해서 인간관계가 그리워서이다(정근하, 2012). 그러나 친지 및 지인들을 훨씬 많이 알고 지내는 국내의 한국인들보다는 외국에 거주하는 한국인들은 그 관계의 폭이 비교적 좁기 때문에 나타난 현상일 수도 있다. 본 글의 교인들 모두는 공동체 생활이 필요해서 교회에 참석하기를 원하지는 않는다.

위에 설명한 현상들이 한국에서만 일어나고 있는 것은 아니다. 기독교가 한국보다 훨씬 앞서서 자리 잡은 미국에서도 인구의 약 70%가 교회에는 절대 나가지 않지만, 인구의 50% 이상이 하나님을 믿는다고 답하였다(Stark, Hamber & Miller, 2005). 결국 약 20%는 하나님을 믿지만, 교회에는 절대 나가지 않는다는 것을 의미한다. 그리고 이러한 현상이 미국보다 더 크게 나타나는 곳들 중의 하나가 스웨덴이다. 스웨덴은 국교가 기독교이지만, 하나님 존재에 확신하는 인구는 16% 정도이고, 한 달에 한 번 교회에 참석하는 인원까지 포함하여 전체 인구의 10% 정도가 교회에 참석한다. 따라서 믿음이 개인화되고, 교회에 불참하는 믿음으로 계속되는 것은 한국보다 기독교가 훨씬 먼저 전해지고 믿었던 나라들에서 이미 나타난 현상들이다.

본 글에는 미국과 스웨덴의 기독교인들처럼 지속적으로 교회에 불참하기를 원하는 이들도 있지만, 다시 교회에 참석하기를 원하는 이들도 있다. 아이의 출산, 학업과 같은 변화로 인해서 잠정적으로 1년 6개월 정도 교회에 불출석하는 〈강준영, 나민아, 정지훈, 한수진〉이 그들이다. 그리고 7년 동안 교회에 불참석하다가 3년 전부터 교회에 참석하고 있는 〈임선희〉도 잠정적 가나안 교인이다. 반면, 주중에 교회의 노래교실에서 예배를 드리는 〈최은진〉을 포함해서 〈이진호, 박미경, 진미정, 윤정아, 민진석〉 5명은 지속적인 가나안 교인이다. 그러나 그들은 그들 나름대로 하나님을 만나고 느끼며 또 그러한 신앙생활에 만족해하고 있어서 다시 교회나 성당으로 돌아갈지는 확신하지 않는다. 따라서 교인들의 절반은 교회로 돌아가고 싶은 잠정적인 가나안 교인이고, 나머지 절반은 지속적인 가나안 교인이다. 가나안 교인들을 분류하여 살펴보면 다음과 같다.

[표 1] 가나안 교인의 분류

개념	개념 정의	참여자 분류
잠정적 가나안 교인	환경적인 요인으로 교회에 불참석하나 참석하기를 원함	강준영, 나민아, 정지훈, 한수진, 임선희
지속적 가나안 교인	부정적인 관계 경험으로 인해 지속적인 불참석 원함	이진호, 윤정아, 민진석
	개인적인 선호로 지속적인 불참석을 원함	박미경, 진미정, 최은진
신앙생활 중단자		신유경

지속적인 가나안 교인들을 다시 교회로 인도하기 위한 연구는 아니다. 그러나 현재 한국의 기독교인들 중에서 1/10의 교인들이 보여주는 종교적 양상에 주목하고, 그들이 교회나 성당을 떠나서도 나름대로 만족해하는 신앙생활이 개인적으로 하나님을 느끼고 만나는 시간에 있다는 점에 주목하자. 지속적 가나안 교인 3명은 개인적인 하나님의 임재를 통해서 지금의 신앙생활을 만족해한다. 또한 나머지 3명은 개인적으로 묵상을 통해서 만나는 분이 하나님인지는 확신하지 않지만, 하나님을 많이 느끼고 싶어 한다.

결국 지속적 가나안 교인 6명은 모두 개인적인 하나님과의 시간을 많이 원하고 있다는 것을 의미한다. 그들이 소원하는 개인적인 하나님의 임재를 공동체 예배, 교제, 봉사에서도 실천 가능한 방법을 모색하고, 이를 위한 목회적 지원이 필요하다.

(3) '나 홀로 신앙인'의 심리적 정서

기독교 신자들에게 주일성수를 하는 것은 가장 기본적이며 중요하다고 여겨서 주일에 교회에 가지 않는 경우에는 마음이 많이 불편하고, 심지어는 죄책감까지도 느끼는 이들이 있다. 그러나 교인들 중에서 주일성수를 하지 않아서 마음이 불편하여 다시 예전처럼 교회를 규칙적으로 다니고 싶다고 이야기한 다섯 명을 제외한 나머지 여섯 명은 주일에 교회에서 예배를 드리지 않아도 마음이 불편하지 않다고 이야기한다. 따라서 여섯 명은 주일에 교회에 불참하여도 불안감을 느끼지 않고, 주님이 자신과 함께한다는 확신을 느낀다.

성경의 말씀을 중심으로 하나님이 누구이신지에 대해서 알아가고, 느끼기 전에 맡게 된 부담스러운 봉사와 하나님과 함께하지 못하는 신앙생활에서 공허감을 느낀다.

요구된 봉사를 하며 교회 안의 위계에서 느낀 억압과 부당함에 대해서 항의하거나, 개선하기 위해서 의견을 제안하기도 하였으나 반영되지 않는다. 기름과 물처럼 원활하지 않은 소통으로 관계회복의 어려움을 느끼고 시간과 거리감을 두기로 한다. 당분간은 교회에 나가지 않는 것을 선택한다.

그리고 하나님을 느끼지는 못했어도 계실 것을 소망하며 참석한 여러 교회의 모임들에서 오히려 소외감과 고립감을 느끼기도 한다. 물질적인 부의 추구로 가득 찬 세상 속에서 지쳐서 그것과 다른 세계를 기대하여 교회에 왔지만, 결국 교회도 그러한 세계의 연장임을 느끼고 실망감을 느끼기도 한다. 또한 나 홀로 신앙생활을 하며 외로움과 좌절감을 느끼기도 한다.

2) 의무적 차원

브라우닝에게 있어서 우리가 무엇을 해야 하는지에 대한 의무적 차원에 대한 성찰은 건강하고 이상적인 인간이 되기 위해서는 필수적으로 거쳐야 하는 덕 윤리이다. 평가와 판단은 접어두고, 의무에 대해서 가나안 교인들의 시각에서 이해와 해석을 하며, 브라우닝이 강조한 '공평한 존중'에 대해서 고려해야 하는 차원이기도 하다.

(1) 주일성수 참석과 교회 소속의 의무

기독교인이라면 일반적으로 한 교회에 소속하고 주일이면 예배에 참석한다. 가나안 교인들도 처음에는 기독교에 대한 관심을 가지고, 더 기독교에 대해서 알고, 믿고 싶은 마음을 가지고 교회에 참석하였다. 그러나 점점 예배에 불참하기 시작한다. 예배를 드려도 만족되지 않는 무언가는 가슴 한 구석에 계속 남아 있다〈이진호, 박미경, 진미정, 윤정아, 민진석, 신유경, 정지훈〉.

영적인 변화와 하나님을 느끼는 예배를 기대했다〈민진석, 정지훈〉. 물질을 추구하는 세상과는 다른 것을 추구하는 설교에 대한 기대가 컸다〈이진호〉. 하나님에 대한 믿음의 본질에 대한 가르침을 기대했다〈박미경〉. 좀 더 하나님과 교인들과의 친밀한 관계를 기대했다〈진미정〉. 하나님에 대해서 좀 더 알고 싶었다〈윤정아〉. 그러나 주일예배에서 충족되지 않는 부족감을 느낀다.

반면, 예배를 드리면 마음이 편하고, 설교 말씀을 통해서도 다음 일주일을 지내는데 도움이 되는 힘을 얻는 〈강준영, 나민아, 한수진〉과 같은 잠정적인 가나안 교인들도 있다. 대학에 진학한 이후에 학업에 대한 부담감이 주일이면 교회보다는 도서관으로 향하게 한다〈강준영, 나민아〉. 또는 출산 이후 어린 자녀와 예배를 드리는 환경이 열악하여 집에서 인터넷 예배로 대신하기도 한다〈한수진, 정지훈〉. 그리고 기독교인이 아닌 다른 가족 구성원들과 주일에 함께 집에서 보내기 위해 주일성수는 불참하고, 대신 화요일에 교회에서 진행하는 노래교실에서 목사님의 설교도 듣고, 함께 기도하는 것으로 만족한다. 〈최은진〉

또한 〈진미정〉은 강압적인 분위기로 아직 준비가 안 된 이들에게 안내하고 선교하는 기독교인들을 접하면서 다소 무례함도 느꼈다. '존중'하지 않고 무조건 '그 교회에 와야 된다'는 그들의 태도가 과연 하나님의 뜻과 말씀을 실천하는 선교인지 의문을 갖게 되었다.

(2) 소모임과 봉사에 대한 의무

기독교사상은 평등사상이다. 하나님이 하나님의 형상대로 평등하게 우리 모두를 만드셨으니, 평등한 우리는 서로를 존중해야 한다. 그러나 세상은 평등하지 않다. 아니 태어날 때부터 극심한 신분과 빈부의 차이는 신조어인 '금수저와 흙수저'로 젊은이들 사이에서 빗대어 표현되기도 한다. 부유하고 사회적으로 신분이 있는 부모님의 자녀들은 금수저를 가지고 태어난 것을 의미하고, 그렇지 않은 신분과 경제력은 흙수저를 의미한다. 그리고 태어날 때부터 평등하지 않은 신분과 경제적 여건은 그 차이가 더 심해져만 가는 것이 현실이다. 그러한 사회 속의 불평등한 위계에 짓눌리고 지친다.

그러한 위계와 권위는 교회 안에서도 똑같이 재현된다. 따라서 소속 없는 기독교인들은 교회 제도화에 따른 '비인격적인 관계'와 '관료주의'에 대한 교회에 대한 불만과 도전을 의미한다고 주장되기도 한다(정재영, 2013).

관료제화를 하는 것은 어떠한 목적을 효율적으로 함께 이루어 가기 위한 하나의 방법으로 교회에서는 담임목사를 중심으로 부목사, 전도사 그리고 교인들 사이에서는 장로, 권사, 집사, 각 소그룹의 리더, 간사 등 다양한 서열로 관료제화를 유지하고 있다.

모든 교회 행사, 소모임과 봉사는 이러한 서열을 토대로 이루어진다. 그러나 서열 속에서 부당함과 불합리함을 느끼고 마음이 편하지가 않다〈윤정아, 정지훈, 이진호, 진미정〉. 또한 교인들과의 관계 경험을 통해서 신앙생활을 본인처럼 적극적으로 하지 않는 이들을 '배척하고', 다른 종교를 가진 이들과 '융화하지 않고', 기독교인들만을 '특별하게 여기는' 교인들을 만나면서 〈민진석〉과 〈신유경〉은 실망감을 느꼈다. 소모임이 더 이상 교인들과의 교제와 믿음을 성장시키기 위한 모임으로 느껴지지 않아서 불참하고 싶다.

물론 소모임과 봉사에 대해서 늘 부정적인 견해를 가졌던 것은 아니다. '누가 시키지 않아도 성경공부, 소모임, 봉사'에 적극적으로 임했던 경험이 있다〈박미경, 진미정, 강준영〉. 그리고 봉사에서 보람을 느낀 적도 있다〈윤정아〉. 교회에 불참하는 동안에는 소모임이 많이 부담되었지만, 현재는 예배, 기도와 소모임 등 하나님을 알아가는 과정에서 평안을 느끼면서 삶에서 더 무게를 두게 되었다〈임선희〉. 그러나 봉사를 위해서는 준비가 되어있지 않다. 준비가 되면 봉사도 하고 싶다〈임선희〉.

따라서 소모임과 봉사와 같은 활동이 도움이 되어서 더 적극적으로 임하고 싶은 참여자〈임선희〉도 있으며, 이제는 그러한 활동이 없어도 자신의 일상적인 삶 속에서 가족, 일터 그리고 주위 사람들에게 실천하며 살아갈 수 있다고 이야기하는 이들도 있다〈박미경, 진미정, 이진호〉.

또한 교회 내 서열에서 비롯한 부정적인 관계의 경험은 이러한 소모임과 봉사에서 일어났으며〈진미정, 윤정아, 민진석, 신유경〉, 일방적으로 듣고 받아들여야 하는 목사의 설교와 양육〈박미경, 이진호, 정지훈〉에서 비롯되었다는 의견도 있다.

3) 성향, 욕구 차원

3단계에서는 가나안 교인들의 성향과 욕구에 대해서 살펴본다. 심리학적 이론, 하나님 이미지 그리고 그들의 신앙생활에 근거한 성향과 욕구에 대해서 살펴본다.

(1) 하나님 이미지와 가나안 교인의 성향, 욕구

대상관계이론에 근거한 성향, 욕구

삶 속에 역동적으로 영향을 주는 신적인 존재로 작용적 신학이라고 표현되는 하나님 이미지는 "궁극적 권위자"와의 관계에 의해 영향을 받으며, 이에 프로이드는 아버지가 하나님 이미지를 제공한다고 하였고, 반면 리주토는 아버지, 어머니 혹은 두 분 모두, 조부모님이나 형제자매 등 다른 초기 대상자들이 모두 하나님 이미지에 영향을 줄 수 있다고 하였다. 또한 이후에는 문화, 사회, 계급, 종교 등 훨씬 많은 요인들이 하나님 이미지에 영향을 준다고 하였으나, 본 글에서는 부모님에 한정시켜서 교인들의 하나님 이미지를 살펴보려고 한다.

대상관계이론에 의하면, 아동의 첫 돌봄자의 관계와 하나님 이미지와 밀접한 관련이 있다. 이에 교인들의 어린 시절의 부모님과의 관계에 대한 이야기를 들어보았고, 다섯 주제로 나타났다. 첫째, 큰 언니와 비교해서 부족한 자신과 그 만큼 부모님에게 사랑과 관심을 덜 받은 이야기. 둘째, 어린 시절을 부모님과 떨어져서 보낸 이야기. 셋째, 자녀들 중에서 외아들로 부모님의 특혜와 기대를 가졌던 이야기. 넷째, 형제가 많았음에도 부모님에게서 충분한 사랑과 관심을 받은 이야기. 다섯째, 부모님의 잦은 다툼과 아버지의 사업으로 인해 어려웠던 환경 때문에 겪은 불안감에 대한 이야기가 있다.

첫 번째 주제인 월등했던 언니와 비교되고, 차별적인 대우를 받은 〈진미정, 윤정아, 신유경, 나민아〉는 그것을 많이 아픈 경험으로 기억하였으며, 커서도 자신의 능력을 맘껏 발휘하지 못한 것이 아쉬움으로 남는다고 이야기하였다.

두 번째 주제인 부모님과 떨어져서 보낸 〈민진석〉과 〈한수진〉중에서 〈민진석〉은 가족이 너무 그립던 시절로는 기억하지만, 그것에 의해서 영향을 받았다고는 생각하지 않는다. 반면, 〈한수진〉은 부모님과 떨어져서 보내면서 부모님의 사랑을 듬뿍 누리지 못하여 사랑을 받고 싶은 마음에 외가댁 식구들의 눈치를 많이 보며 자랐다고 한다. 그래서 자신의 감정과 욕구를 잘 표현하지 못하고 이것은 성인이 된 지금도 본인의 삶, 부부관계에도 영향을 준다고 하였다.

세 번째 주제인 형제들 중에 외아들인 〈이진호〉와 〈정지훈〉은 부모님의 특별한 관심과 사랑을 받았으며 그 만큼 기대와 부담감도 많이 느꼈다. 두 분 모두 아버지에 대해 어려움을 가졌으며, 특히 〈정지훈〉은 아버지의 기대에 부응하고자 자신의 감정이나 욕구에 솔직하지 않고 타인을 많이 의식하는 생활이 지금도 계속되고 있고, 그것은 자신의 행복에는 도움이 되지 못한다고 하였다.

네 번째 주제는 많은 형제들 속에서 유난히 부모님의 관심과 사랑을 듬뿍 받은 〈박미경〉과 〈최은진〉의 이야기이다. 특히 박미경은 어려서부터 형제들 중에서 공부도 가장 못하고 외모로도 볼품이 없었는데, 부모님의 많은 사랑을 받아서 이후 성장해서 다양한 분야에서 리더역할을 하고 긍정적인 성격을 가진 것에 도움이 된 것 같다고 이야기하였다.

다섯 번째 주제는 부모님의 잦은 다툼으로 인해 불안감을 느꼈던 〈강준영〉과 아버지의 부재와 사업의 어려움으로 인해 경제적, 환경적 불안감을 느낀 〈임선희〉의 이야기이다.

정리해 보면, 어린 시절에 교인들은 부모님과의 관계에서 갖게 된 큰언니와의 비교로 인한 부족감, 부모님과의 분리에서 오는 불안감, 아들 선호사상이 두드러진 한국에서 외아들로 모든 기대를 받으며 갖게 된 부담감, 부모님의 관계와 경제적, 환경적 요인에 의한 불안감이 있었다.

하나님 이미지를 형성함에 있어서 어린 시절 부모님과의 관계가 어떠한 역할을 하였는지 살펴본 결과는 다음과 같다. 첫째, 어린 시절 부모님과의 관계는 하나님 이미지에 긍정적인 영향과 부정적인 영향 모두 줄 수 있으나, 대부분의 교인들(10명)에게는 부정적인 영향을 주었을 수 있다. 그러나 부정적인 영향은 가나안 교인들에게만 국한된 이야기가 아니며, 어쩌면 우리들 대부분의 경험이기도 하다. 둘째, 부정적인 영향은 구체적으로 비교로 인한 부족감, 분리불안, 기대에 대한 부담감, 관계적 불안감,

경제적 불안감이다. 셋째, 위와 같은 정서들은 어린 자신들이 생존하기에 필요한 부모님이나 다른 돌봄자들에게서 거절 받을지 모른다는 불안감에 기인한다. 넷째, 생존하기에 필요한 돌봄자의 사랑과 인정을 얻기 위해서, 성장하여서도 본인의 감정과 욕구에 귀 기울이기보다는 돌봄자의 기대에 삶을 맞춘다. 다섯째, 부족감, 분리불안, 기대에 대한 부담감, 관계적 불안감, 경제적 불안감이 하나님 이미지를 형성할 수 있으며, 이는 대상관계뿐만 아니라 문화나 다른 환경적 요인들이 하나님 이미지에 영향을 주었다는 것을 의미한다. 그러나 그 영향은 서로 얽혀 있어서, 별도로 구분하기는 어렵고, 외아들에게 거는 기대감에 대한 부담감과 경제적 불안감은 대상관계에 문화사회적 요인들도 영향을 주었다고 여겨진다.

욕구 이론에 근거한 성향, 욕구

어린 시절에 하나님 이미지 형성에 영향을 주었던 요인들이 현재의 삶 속에 어떻게 작용하는지 살펴보기 위해서, 현실 생활에서 문제라고 여겨져서 평온함을 가질 수 없게 하는 요인들을 살펴보았다.

두 명을 제외한 열 명의 교인들이 대답하였으며, 네 명의 교인들에게는 직장과 경제적인 불안이 가장 크다〈이진호, 박미경, 강준영, 나민아〉. 또한 두 명의 교인들에게는 건강에 대한 바람이다〈최은진, 민진석〉. 나머지 네 명의 교인들의 문제는 어린 시절의 부모님과의 관계에 의해 형성된 요소들과 관련이 있었다〈윤정아, 정지훈, 한수진, 임선희〉.

따라서 대답한 열 명의 교인들 중에서 네 명은 어린 시절 부모님과의 관계에 의한 요인이 현재의 문제에 크게 영향을 준다고 하였으며, 나머지 여섯 명은 건강과 경제력에 관한 것으로 생존을 위해서 필요한 가장 기본적인 요건들 때문에 마음이 무겁다.

요약하면, 현재 참여자들의 삶 속에서 역동적으로 작용하며 영향을 주는 요인들은 사회문화적 요인들이 얽혀 있는 대상관계에 의한 요인들과 건강과 경제력과 같은 생존을 위한 기본적인 욕구이다.

애착 이론에 근거한 성향

Granqvist(2002)의 애착의 사회화 안전화 모델(socialized secure model of attachment)은 안전 애착을 특정한 관계에 근거한 사회화 경향의 과정으로서 설명한다. 즉, 개인의 신과의 관계는 그 부모님의 신에 대한 독실함과 신과의 안전한 애착의 영향을 받는다는 것이다.

강준영을 제외한 열한 명의 교인들은 부모님들이 기독교인이 아니어서, 부모님과 신과의 관계가 사회화되지 않았다. 이러한 영향이 가나안 교인들의 신앙생활과 하나님 이미지에 가능하다고 이 모델에 근거하여 추정한다.

그러나 다른 가나안 교인에 대한 연구(정재영, 2014)에서는 기독교 집안에서 성장한 이들이 교회를 많이 떠난다는 결과도 보였다. 부모의 강압으로 교회에 참석하였다가 자유의지를 행사할 수 있는 연령에는 교회를 떠난다는 것이다.

따라서 가나안 교회에 참석하는 가나안 교인들은 기독교 집안에서 신앙생활이 사회화되어서 교회에는 나가고 싶으나, 기존의 교회는 참석하고 싶지 않기에 가나안 교회를 선택한다. 반면에 본 글의 교인들은 신앙생활 사회화의 부재로 교회 참석의 신앙생활에 익숙하지 않으며, 그 필요성과 중요성에 대해서도 경험하지 못하였다. 따라서 본 글의 가나안 교인들은 신앙은 다른 가나안 교인들처럼 유지하지만, 가나안 교회와 같은 곳을 찾는 것이 아니라 혼자만의 개인적인 신앙생활에 의존한다.

(2) 신앙생활에 근거한 성향과 욕구

개인적으로 주님의 임재를 느끼고 싶은 욕구

예배학에 따르면, 온전한 신앙생활을 위해서는 '공동의 예배'와 '개인적인 경건' 모두가 필요하다(조기연, 2001). 주님의 임재는 개인적인 경건의 시간에도 느껴지지만, 회중과 함께 드리는 예배의 시간에도 가능하다. 그러나 교회에서 공동의 예배시간에는 주님의 임재가 충족되지 않는다〈민진석, 윤정아, 진미정, 박미경, 이진호〉. 그래서 교회에서의 시간은 줄이고, 개인적인 경건의 시간에 의존한다.

존중받고 싶은 욕구

교회 안, 하나님 안의 세상은 밖의 세상과는 다를 것을 기대하며 신앙생활을 시작하였다. 소모임과 봉사를 통해서 인간적인 관계를 가지게 되고, 그 속에서 존중받지 못함을 경험한다. 본 교회로 인도하려고 강요를 받으며 존중받지 못함을 경험한다〈진미정, 정지훈〉. 소극적인 봉사활동과 소모임 활동으로 소외감을 경험한다〈윤정아, 민진석〉. 기독교인만 구원받고 택함을 받았다고 여기는 이들을 보며 왠지 믿음이 다른 본인은 존중받지 못한 느낌이다〈신유경〉. 사회와 같은 서열관계로 이루어지는 교회 안에서 공평하지 않은 관계로 거북하다〈이진호〉. 교인들은 믿음 안에서 만큼은 브라우닝이 강조했던 '공평한 존중'이 실현되기를 원한다.

불만이나 불편감을 표현하지 않는 성향

교회에 대해서 이런 저런 불만족스러운 모습들을 이야기하였다〈신유경, 민진석, 임선희, 윤정아, 진미정, 박미경, 이진호〉. 그러나 교회에서는 그러한 의견을 보이지 않았다. 교인들 중에서 본인의 불만족스러움을 표현한 참여자는 〈정지훈〉과 〈윤정아〉이며, 이후 그들은 교목이나 소그룹 리더와 불편한 관계를 경험하였다. 교인들은 교회의 불만족스러운 모습에 대해서 의견을 나누기 어려운 입장이다. 학교방침과 학생 그리고 모임 리더와 초보 신자의 관계이다. 불합리하다고 생각하지만, 개인적으로 원만하게 해결하는 것이 어렵다고 느껴진다. 불만을 표현하였으나, 관계만 더 어색해졌다. 이러한 불합리함을 지닌 공동체에 실망감이 커지며, 본인을 보호하기 위해서 개인적으로 할 수 있는 것은 공동체에 참석하지 않는 것이다.

(3) '나 홀로 신앙인'의 성향과 욕구에 대한 이해

하나님 이미지에 관한 심리이론에 근거하여 살펴본 성향과 욕구를 잠정적 가나안 교인, 지속적 가나안 교인, 신앙생활을 중단한 신앙인으로 분류하여 살펴보면 다음과 같다.

첫째, 한 명을 제외하고, 열 한 명의 잠정적 가나안 교인, 지속적 가나안 교인, 신앙생활 중단 신앙인 모두에게서 보인 것은 신과의 관계에 대한 사회화 부재이다. 이는 애착이론에 근거하여 하나님 이미지를 살펴보며 발견된 부분이다. 성장하며 부모님의 독실한 신과의 관계를 경험하지 못한 것이 이후 그들의 신앙생활에 영향을 줄 수 있음을 시사한다.

둘째, 신앙생활에 있어서 세 부류에서 공통으로 언급한 것이 존중받고 싶은 욕구이다. 존중받지 못한 믿음과 관계에 있어서의 부정적인 경험에 대해서 다섯 명이 동감하였다.

마지막으로, 개인적으로 주님의 임재를 느끼기 위해서 적극적으로 시간을 내어 충족시키는 '나 홀로 신앙인'은 다섯 명이며, 모두 지속적 가나안 교인들이다. 비록 공동체와의 경건한 시간은 갖지 않지만, 개인적인 경건의 시간만으로 족하다고 생각한다. 그래서 이러한 신앙생활을 계속하길 원한다.

4) 상황적 차원

4단계에서는 윤리적인 관점에서 직면하는 상황을 해석하는 것이다. 행동에 영향을 주는 사회구조적, 심리적 상황을 살펴보고, 객관적이고 균형 잡힌 시각으로 교인들을 이해하도록 돕는 차원이다.

(1) 포스트모더니즘 사회

21세기를 포스트모더니즘으로 종종 묘사한다. 이는 새로운 패러다임을 위해서 모더니즘의 계승, 비판과 재구성을 포함하는 개념으로서, 그 특성에 대해서 이미 많은 학자들이 소개하였다.

기존의 질서를 인정하지 않는 것, 종교, 철학, 윤리, 예술, 문학 등의 분야에서 절대가치의 개념을 부정하는 상대주의, 언어 표현의 한계를 자각하여 다른 표현으로 시도, 힘과 이성보다는 열정으로 이루어진 상상력의 실현이 진리로 이끈다는 견해, 이성 보다는 감성을 강조하며, 모든 분야에서 원칙과 목적이 서로 다를 수 있음을 존중하며 자유롭게 사고하는 다원주의, 혼합주의가 그 특성이다(문병하, 2014). 이러한 특성은 현대인들의 종교에도 고스란히 반영되어서, 기독교만이 유일한 구원의 통로라고 신앙을 전하는 것은 독선과 교만이라고 비판되기도 한다(신국원, 1999).

　상대주의, 감성 강조, 다양하고 자유로운 사고를 존중하는 다원주의, 혼합주의가 교인들에게서도 발견되었다. 기독교 신자라고 밝히면서도 108배 절을 하며 기도를 하는〈윤정아〉, 목표가 같은 종교들은 본질적으로는 모두 같은 것이라고 하나님을 묘사하는〈신유경〉, 그리고 기존의 교회들의 예배나 성만찬 참석과 같은 원칙을 따르지 않고 신앙생활을 하며 만족해하는〈박미경, 이진호, 진미정, 최은진, 윤정아, 임선희, 민진석〉에게서도 엿보인다.

　이러한 다양성과 상대성에 대한 존중은 개방된 폭넓은 시야를 제공하기도 한다. 그러나 그 경계의 모호함과 원칙의 부재는 혼란스러움과 허무주의와 같은 심리를 부추기기도 한다. 종교의 영역에서도 이러한 현상은 같을 것이다.

(2) 큰 빈부격차

빈부격차의 심화 현상은 우리나라에서만 보이는 현상은 아니다. 전 세계적으로 2007년 이후 소득양극화가 심화되었다고 보고한다(한국경영자총협회, 2013). OECD 34개 회원국들 중에서 상위 10%의 부(富)는 하위 10%의 9배에 이르며, 이는 2007년부터 3년 동안 심화된 격차이다. 우리나라의 빈부격차는 OECD 평균보다 높은 10.5배이다. 이러한 빈부격차는 30년 동안 최고 수준이다(한국경영자총협회, 2012). 비정규직의 확대와 같은 고용형태의 변화, 자영업의 확대, 고소득자에 대한 감세가 소득 격차의 심화를 초래하였다. 경기침체는 저축은 줄어들고, 빚은 늘어나게 하며 은퇴 후의 삶도 경제적으로 불안정하다.

이와 같은 빈부격차의 심화는 경제적 불안감과 박탈감을 느끼게 한다. 직장에서는 경쟁이 최고조에 달하고, 이러한 경쟁에서 뒤지지 않기 위해서 경제활동을 삶의 최우선에 두게 된다. 주중에 많은 시간과 에너지를 경제활동에 소비하고는 주말이면 육체적 심리적 소진을 경험한다. 주말이면 이런 심리적 소진과 긴장감에서 벗어나기 위해서 자연으로 떠나거나 모든 것에서 벗어나서 쉬고 싶다〈박미경, 이진호, 임선희〉. 그래서 다니던 성당이나 교회도 뒤로 한다. 집에서 쉬거나 자연에서 쉬거나 또는 다른 취미생활로 푹 쉰다. 이러한 심정은 〈박미경, 이진호, 임선희〉처럼 한 가정의 경제를 담당하는 가장에게 더 절실하게 나타났다. 이러한 경제활동을 하고 주말이면 집에서 쉬는 가족 구성원들을 배려해서 주일의 교회는 단념해야 한다〈최은진〉. 경쟁구조 속에서의 긴장감, 불안감, 우울감이 자신이 감당하기에는 벅차다. 그래서 주중에도 점심시간을 활용해서 사무실 근처의 교회에 들러서 말씀을 보고, 기도하고, 묵상을 한다〈이진호〉. 이미 명예퇴직을 하고 6개월마다 계약을 갱신하며 불안해하는 남편을 위해서 해줄 것은 아침마다 빈 거실에서 기도하는 것이다〈윤정아〉.

(3) 청년실업

2008년 미국의 금융위기는 세계적인 경제위기, 대량실업, 실업률 증가에 영향을 주었다. 청장년의 실업증가는 더 큰 사회불안을 초래하였으며, 새로운 인적자원의 사회진입과 그 역할을 제한시켰다(박종태, 2010).

몇 년 전부터 한국에서도 이러한 경제적 상황의 영향으로 청년실업이 심각하다. 따라서 청년실업 문제의 심각성에 동감한 대통령을 포함한 모든 정당들은 그 문제 해결을 위해 정부 차원에서 해소방안을 계속 모색 중이다.

청년실업은 대학을 졸업하거나 예정인 청년이 취업을 원하지만 못한 상태를 의미한다(김영재, 2012). 높은 실업률을 대신하는 비유, '3포 세대'는 삶의 주기에서 일반적으로 행해지던 연애, 결혼, 출산이라는 세 가지 삶을 포기해야만 하는 답답하고 불안하고 무기력한 청년들을 지칭하는 표현이다.

이러한 불안한 미래는 젊은이들로 하여금 대학에서 더욱 경쟁적으로 살아남기 위해 전력질주를 하게 한다. 학점은 물론이고 짬이 날 때마다 인턴이나 공모전, 또는 외국어 어학 실력 그리고 전공과 관련한 각종 자격증을 따기 위해서 학기뿐만 아니라 방학에도 바쁜 생활을 보낸다. 학기 중에는 학기대로, 방학은 방학대로 육체적으로 정신적으로 모든 에너지가 소진된다.

이러한 삶을 지금 경험하는 참여자 〈나민아〉와 〈강준영〉에게 학기 중의 교회 참석은 월례행사가 된다. 〈나민아〉와 〈강준영〉은 주중에 열심히 공부했지만, 여전히 쌓여있는 과제들을 보며 교회에 가야하나 도서관에 가야하나 고민한다. 교회에 가려면 준비하고, 차타고, 예배드리고 오면 벌써 오후이다. 과제를 끝내기에는 부족한 시간이다. 그리고 모처럼 방도 정리하고, 빨래도 돌려야 한다. 일요일 아침에는 부족했던 잠도 자고 싶다. 잠시 고민하고 결정한다. 아무래도 잠을 더 자고, 방 정리를 하고 도서관에 가는 것이 오히려 마음이 편하겠다. 학기 중에는 학업에만 열중하자. 하나님도 이해하시겠지. 잠도 부족하게 자며, 공부만 해야 하는 이 상황을 잘 아시고 이해하실 것이다. 근데 그들의 마음은 무겁다. 주일이면 함께하던 친구들도 생각난다. 순모임에 안 나간 지 꽤 되었는데, 순장 친구는 여전히 매주 카톡으로 그들의 교회 참석여부를 확인한다. 조금 미안함도 느낀다. 그리고 이래도 되는지 생각해 본다. 교회에 갔을 때가 더 마음은 편했는데, 그럼 이 많은 과제는 어떻게 해야 하는지 현실적으로 불가능해 보인다. 그리고 보이는 만족을 택한다. 과제 끝내기. 그래서 방학에는 주일성수를 하자고 다짐한다. 마음도 무겁고 몸도 피곤하다. 그래도 해야 한다. 학업과 진로에 대한 모든 무게가 오늘따라 더 크게 다가온다.

1년 6개월 정도 교회에 거의 불참하고 있는 〈나민아, 강준영〉은 교회에 참석하기를 원하지만, 환경적인 요인으로 잠정적으로 불참하는 신앙인이다. 따라서 교회에서는 이들처럼 교회에 나가지 않는 청년들로 인해서 대학생 비율을 4~5%로 추정하기도 하고, 또 한 연구에서는 개신교(17.2%), 천주교(7.3%), 불교(8.8%), 무교(66.7%)로 보고하기도 하였다(조성돈, 2016).

(4) 권력의 회수

산업화를 이루면서 사회문제와 도시문제를 겪은 것은 한국을 포함하여 다른 여러 서구에서도 마찬가지였다. 그러나 서구의 나라들이 이러한 문제에 대한 인식과 해결을 위해서 시민사회를 이루는 다양한 세력들과 함께 접근하였다면, 이와는 달리 한국의 사회정치는 '사회에 대한 국가의 직접적 권력 작용을 특징'으로 한다(박해남, 2016).

한국의 전통적인 정치적 권위구조는 유교이념에 의해 확립되었으며, 이는 엄격한 계층구조가 그 특징이다(한배호, 1969). 유교 이념으로 합리화된 엄격한 계층구조의 권위주의적 정치문화는 혈연과 지연의 인간관계를 통해서 지배 엘리트를 또한 유지하게 한다. 이렇게 유지된 지배층들의 책임감, 능력, 도덕성의 상실과 자본에 대한 비리는 정치적 권위의 위기를 발생시켰다.

이러한 최근의 대표적인 예가 2014년 4월 16일의 세월호 참사와 2016년의 국정농단이라고 일컬어졌던 사례이다. 국가적인 슬픔과 실망 앞에서 대중은 분노하였다. 무책임하고 무능력한 지배 권력에 대한 대중의 분노는 누적 참가인원이 1,600만 명에 달하는 '촛불집회'로 표현되었다. 대중의 정서는 '이제는 더 이상 가만히 있지 않고 행동하겠다'는 적극적인 저항과 표현으로 나타났다.

한국의 헌법 제1조 제1항은 '대한민국은 민주공화국이다'라고 규정하고 있으며, 이는 대한민국이라는 국가의 정치적·국가적 정체성을 선언하는 것이다. 우리가 살고 있는 이 나라는 국민이 주인이며 그 주인이 대표자를 뽑아 나라를 운영하고 있다. 이를 헌법 제2조 제2항은 "대한민국의 주권은 국민에게 있고 모든 권력은 국민으로부터 나온다"라고 말하고 있다.

국민이 주인이며 그 대표자에 의해 통치되는 국가의 형태를 법·사회적으로 '공화국'이라고 한다. 반대로 왕이 권력을 갖고 통치하는 국가를 제국 또는 왕국이라고 한다. 대한민국이 세워지기 전 우리는 일본 제국에 의해 36년간 강점되었고, 그 이전에는 왕에 의해 통치되던 조선이나 대한제국이었다. 광복 후 우리 국민은 헌법을 만들고 왕국이 아닌 '공화국'이라는 국가형태를 선택하고 그 이름을 '대한민국'이라고 하였다.

우리 국민이 과거에 경험했던 왕국이나 제국이 아닌 공화국을 선택했다는 것은 큰 의미를 갖는다. 왕이나 황제라는 절대 권력이 아닌 수많은 국민이 권력을 공유하고 대표자를 통해 실제적 통치를 하겠다는 결심의 표현이기 때문이다. 이 선택과 결심이 '공화국 정신'이다.

공화국에서 권력자인 국민이 권력을 위임해 준 대표자가 그 권력을 위임받은 범위 내에서 사용하지 않고 자신이나 그 측근의 이익을 위해 사용하고 나아가 오히려 권력의 위임자인 국민을 억압하고 착취하는 도구로 활용할 때 국민은 저항한다. 대표자가 '공화국 정신'을 정면으로 도전, 왜곡, 말살하려 하기 때문이다. 공화국 정신에 대한 도전에 대해 우리 국민은 촛불과 탄핵이라는 현실적·제도적 행동을 통해 대표자에 저항하고, 위임했던 권력을 회수하기에 이르렀다.

본 글의 인터뷰를 진행하는 동안 벌어지고 있는 한국의 사회 정치적 상황이다. 위와 같이 국민을 대표하여 국민의 안녕을 책임져야 하는 대표자가 책임과 의무보다 사익을 추구하는 것에 대중의 불신과 분노가 극에 달하였다. 그리고 이러한 정서와 그 표출은 한국 사회의 구조가 반영된 교회의 서열 구조와 세속적인 부를 부추기는 교회에 대해서도 똑같이 재현된다. 이에 대한 생각들이 〈이진호, 민진석, 윤정아〉의 이야기에도 담겨있었다.

(5) 약화된 건강

〈민진석〉은 오랫동안 몸이 아파왔다. 지금도 복용하는 약의 부작용으로 깊은 잠을 못 잔다. 몸무게도 많이 줄었고, 잠도 부족하고, 위암으로 아주 소량의 식사만 가능하다. 예전과 같지 않은 그의 건강으로 많은 변화가 있었다. 그래도 주님께 의존하고 싶고, 느끼고 싶어서 참석했지만, 아무래도 무리라고 생각한다. 소모임에서도 열심히 신앙생활을 하는 교인들이 있는데, 그들보다 소극적인 〈민진석〉은 소외감을 느낀다. 아직 믿음에 확신이 없어도 그저 알고 싶고, 믿고 싶고, 의지하고 싶어서 왔지만, 그런 그를 따뜻하게 품어주는 곳은 아니다. 25년 이상 기독교 학교에서 근무하며, 예배, 성경, 말씀에는 익숙하지만 주님을 느끼고 싶었다. 느끼지 못하는 자신이 또 소외된다. 예배에 기대가 컸지만, 그곳에서는 주님을 느낄 수 없었다.

비록 교회 예배에는 불참하지만, 근무하는 학교에서 예배도 드리고, 본인이 말씀을 전할 때도 있다. 그것으로 대신한다. 여전히 괴로운 불면과 힘든 몸에 대한 기도는 응답되지 않았다고 믿으며, 주님에 대한 실망감을 가진 상황이다.

매일 자기 전에 일기를 기록한다. 그날의 일과와 본인의 마음을 적어나간다. 자신과 만나는 시간. 그 시간이 하나님과 만나는 시간이라고는 말하지 않는다. 그저 절대자, 그 누군가가 계시다면 오늘 하루 편하게 해주셔서 감사하다고 감사의 기도를 드린다. 그리고 평온하다. 이것으로 지금은 족하다. 주님을 느끼지는 못했지만, 느끼고 싶어서 좋아하는 찬양을 혼자 불러 보고, 좋아하는 성경 구절도 암송하는 그는 그런 모습으로 임재를 그리워한다.

건강 때문에 교회에 가는 것이 버겁게 느껴지는 것은 최고령 교인인 〈최은진〉님도 마찬가지이다. 교회에 가는 것은 좋아하지만 혼자서 갈 수는 없다. 교회 셔틀버스로 아파트 근처까지 왕복이 가능한 교회의 노래반에 주중에 참석하는 것으로 만족한다. 그곳에서 설교도 듣고, 찬양도 하고, 기도도 한다. 그리고 기도는 매일 수시로 드린다. 하나님이 모두 살펴주실 것을 믿기에 오늘도 기도드린다. 그리고 그것으로 그녀는 평안하다.

5) 규율, 역할적 차원

주제에 관한 은유, 의무, 상황, 욕구 차원을 살펴보면서, 좀 더 입체적으로 '나 홀로 신앙인'들의 경험을 이해하게 되었다. 규율, 역할적 차원은 이러한 이해를 바탕으로 공적인 의미의 도덕적인 목적을 성취하기 위해서 '나 홀로 신앙인'들뿐만 아니라 우리 모두의 규율과 역할을 새롭게 발견하도록 돕는 단계이다.

가나안 교인들의 공동체 신앙생활의 회복을 위해서 필요한 공평성의 윤리를 인식하고, 관계에 있어서의 존중과 서로의 믿음에 대한 존중으로, '다름과 약함에 대한 소외'가 아닌 '함께 어울려 경험하는 신앙생활'이길 기대해 본다.

브라우닝(2007)이 제안한 '공평성'은 이상적인 윤리 개념이다. 이는 가정뿐만 아니라, 사회를 구성하는 모든 집단과 종교를 뛰어넘어 모든 이들에게 해당하는 공적인 의미를 지닌다. 하나님의 형상대로 창조된 우리는 하나님의 신성을 지닌 서로서로를 존중해야 하며, 이러한 존중은 곧 인간 안의 고유한 신성함과 선함을 존중하는 것이다. 따라서 존중은 그 신성함과 선함이 드러나도록 돕는 것이며, 이는 선함을 행하는 윤리보다 더 우선하는 윤리라고 설명된다. 따라서 존중은 실천적인 사랑의 한 모습이며, 공동체의 회복을 도우며, 자기희생의 윤리도 감당하게 한다.

(1) 4차원 분석을 통해서 도출된 규율과 역할

브라우닝이 제시한 윤리적 규율인, '공평한 존중'이 이제까지 살펴본 차원들의 분석을 통해서도 적합한지 살펴보자.

1차 원인, 비전, 은유적 차원에서 '나 홀로 신앙'인들의 대부분이 공동체와 경건의 시간을 가지지 않고 개인적인 신앙생활을 하고 있음을 분석에서 보여준다. 이는 한국 기독교 인구의 9/10에 해당하는 900만 명의 신앙인들과는 다른 신앙생활로서, 공동체 경건의 시간은 부재하고 개인적인 경건의 시간으로만 이루어진 신앙생활을 의미한다.

또한 의무적 차원을 통해서 주일성수, 교회 소속, 소모임과 봉사의 의무에 대한 어려움에는 다양한 이유들이 있다는 것을 알게 되었다. 학업, 출산, 무교인 다른 가족 구성원들에 대한 배려와 같은 환경적인 요인들도 있지만, 서열관계에 의한 불편함, 다른 믿음에 대한 배척과 소외에 대한 실망감으로 공동체와 함께하는 의무를 뒤로한다. 현재는 개인적인 경건으로 족하다고 생각한다.

욕구, 성향 차원을 통해서 거의 모든 '나 홀로 신앙인'들은 가족 내에서 신과의 관계가 사회화되지 않았다는 것을 알게 되었다. 이는 공동체와의 경건의 시간에 대한 경험 부족으로 이어지며, 그 소중함에 대한 인식 또한 부족하다. 또한 욕구 차원에서는 생존을 위해 기본적으로 필요한 건강과 경제력 같은 생존욕구가 6명에게 크게 보였다. 마지막으로, 신앙 활동 경험을 통해 관계와 믿음에 있어서 서로 존중하지 않는 태도에 실망하지만, 요구하지 않는 성향을 지녔으며 개인적인 경건의 시간만으로도 불안해하지 않고 신앙을 유지한다.

4차원 상황 차원 분석에서는 포스트모더니즘, 큰 빈부격차, 청년실업, 정치적 권위의 위기와 신체적 약화와 같은 개인의 상황과 사회적 상황을 살펴보았다. '나 홀로 신앙'을 신앙생활의 다양성으로만 간주하며 공동체와의 경건의 시간을 뒤로하고, 오직 개인적인 경건의 시간에 의존하는 균형 잃은 신앙생활을 인정하는 것이 최선의 규율인가 생각하게 한다.

그리고 이러한 4차원에 대한 숙고를 통해서, 5차원의 새로운 규율과 역할로 '상호존중'의 실천윤리를 제안한다. 이는 3차원에서 제기된 존중욕구를 반영하며, 2차원의 공동체에 대한 부정적 경험은 '상호존중'을 통해서 긍정적 경험의 가능성을 높이고, 1차원에 제기된 공동체 경건의 부재는 '상호존중'으로 공동체의 회복을 도모함으로써, 공동체와의 긍정적인 경험을 통해서 공동체 경건의 소중함과 필요성을 인식하게 된다.

[그림 1] '나 홀로 신앙'의 4차원 분석을 통한 5차원 규율 도출과 적용

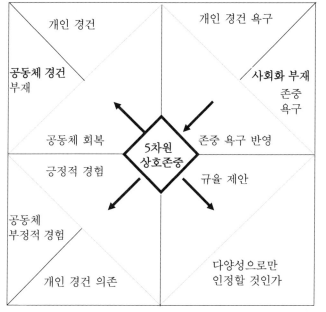

4가지 차원의 분석을 토대로 '나 홀로 신앙인'을 포함한 모든 이들에게 공적인 의미로써, 그 도출과정과 적용을 그림으로 소개한다. 또한 현실적인 목회의 현장에서 이러한 결과를 어떻게 적용할지에 대해서는 이후 목회 지원 전략에서 살펴본다.

(2) 서로 다른 믿음과 관계에서의 상호존중

가나안 교인들의 신앙생활과 하나님 이미지를 통해서 공동체 생활 속에서 충족되지 않는 신과의 친밀감과 목회자, 리더들과 교인들을 포함한 관계적 불편감 때문에 개인적인 신앙생활에만 의존하여 신앙생활을 유지하는 신앙인들을 살펴보았다. 특히, 관계적 불편감은 서로 다른 믿음에 대한 배척과 공평하지 않은 존중으로 이루어진 서열상의 관계에서 비롯되었다. 욕구, 성향 차원 분석에서 이러한 불편감으로 인해 잠정적 가나안 교인, 지속적 가나안 교인, 신앙생활 중단 신앙인 모든 부류(5명)가 존중 받고 싶어 하는 욕구를 보여주었다. 이에 규율, 역할적 차원에서는 '공평한 상호 존중'을 제안하였으며, 이는 좀 더 구체적으로 '관계에서의 상호존중'과 '서로 다른 믿음과 신앙생활에 대한 상호 존중'을 의미한다. 비록 믿음은 다르지만, 하나님이 주신 지혜와 사랑으로 섬기고 존중하는 것은 기독교 안에서 믿음의 빛깔이 다른 이들, 또는 다른 종교를 가진 이들에게도 그 영향을 미친다. '상호존중'의 실천을 통해서 하나님이 바로 알려지며 선교된다. '상호존중'은 기독교의 영역을 넘어서 실천하는 윤리, 실천하는 사랑, 실천하는 신학으로 모두에게 충분한 의미가 있다.

II.
가나안 교인 이해에 근거한 돌봄과 상담

가나안 교인 이해에 근거한 목회지원을 간략하게 [그림 2]로 나타내어 보았다. 우선 가나안 교인들이 교회에 참석하던 시기에는 공동체 예배에 참석하였다. 그러나 예배에서 개인적인 환경 요인들, 교인들과의 관계나 주님과의 친밀함이 채워지지 않았고, 또 설교에서 충족감이 채워지지 않았다고 본 글의 인터뷰 결과를 통해서 알고 있다. 그리고 현재 그들은 공동체 예배는 참석하지 않으며, 개인적인 신앙생활에만 의존하고 있다. 그러나 온전한 예배를 위해서는 공동체 경건과 개인적인 경건의 시간이 함께 이루어져야 한다. 따라서 온전한 예배를 위해서 본 연구의 결과들을 반영하여 다음과 같은 돌봄과 상담에 대해서 구상해 본다.

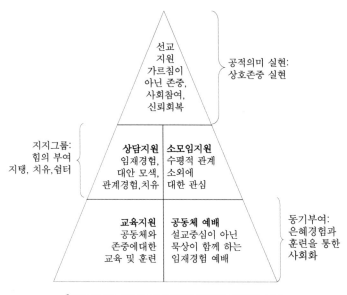

[그림 2] 가나안 교인 이해에 근거한 돌봄과 상담

첫째, 은혜와 주님의 임재 경험을 위한 공동체 예배를 제안한다. 가나안 교인들 중에서 특히 지속적 가나안 교인들은 개인적인 주님과의 시간을 나름대로 가지고 있으며, 그러한 시간에 만족감을 표현하였다. 따라서 그들이 개인적으로 추구하던 주님의 임재를 공동체 예배시간에서도 느껴보는 시간을 묵상을 통해서 가지도록 한다. 이를 위해서 설교 중심의 예배가 아닌 묵상이 함께하는 예배를 제안한다.

본 글의 대부분의 가나안 교인들은 가정에서 부모님으로부터 신앙생활의 사회화가 이루어지지 않았다(박성원, 2017). 그리고 이러한 사회화의 부재는 신앙생활과 그들의 하나님 이미지에 영향을 주다는 것을 '애착의 사회화 안전 모델'을 통해서 살펴보았다.

따라서 두 번째의 목회 지원으로는 교육과 훈련을 생각해보자. 온전한 예배를 위해서 공동체와의 경건의 시간도 함께 이루어져야 함을 알려주고, 상기시키며, 여러 교육을 통해서 훈련의 시간을 교회에서 제공한다. 사회화를 통해서 익숙한 공동체 신앙생활이 교육과 훈련을 통해서 어느 정도 보완되기를 기대한다. 그리고 교육에서는 공동체 생활에서 필요한 '상호존중'에 대해서도 알려 주고, 훈련시키는 것도 중요하다고 여겨진다.

공동체 예배에서 주님의 임재와 은혜의 경험을 충족시키고, 교육과 훈련을 통해서 공동체 신앙생활을 위한 동기부여를 제공하고자 노력하였음에도 아직 마음의 준비가 되지 않았다. 때로는 학업과 출산 이후 육아와 같은 현실적인 문제들이 공동체 예배에 걸림돌이 되기도 한다. 그리고 교회에서의 관계 속에서 느낀 실망감, 소외감, 친밀하지 못함의 감정들이 그들로 하여금 공동체 생활을 외면하게 한다. 소모임에 자주 빠지기 시작하는 교인들을 보며, 리더는 그 소모임에 배정된 상담사에게 알린다. 그리고 세 번째 지원이 시작된다.

따라서 세 번째 지원은 상담이다. 본 글의 교회 불참석 신앙인들 중에서 2명을 제외한 10명은 어린 시절 부모님과의 관계에서 부정적인 경험이 있으며, 그중에서 4명에게는 현재의 문제에도 적지 않은 영향을 주고 있다. 물론 부모님과의 크고 작은 부정적인 관계가 이 글의 성도들에게만 있는 것이 아님을 필자는 확실히 하길 원한다.

대상관계의 이론에 근거하면, 첫 돌봄자와의 관계가 개개인의 하나님 이미지에 크게 영향을 미친다. 이 이론에 근거하면 가나안 교인들의 대부분은 관계에 있어서 부정적인 경험을 하였으며, 이러한 영향은 우상과 같은 하나님 이미지로 자리하면서 그들의 삶과 관계에 영향을 주고 있다. 긍정적인 관계 경험을 상담사를 통해서 이루며, 상담의 과정 속에서 주님의 임재를 다시금 느끼는 경험들로 공동체라는 관계에서도 '함께 할 수 있지 않을까?'하고 가능성을 생각해 본다. 그리고 현실적으로 걸림돌이 되었던 학업, 육아와의 예배 등의 문제들을 상담에서 나누며, 그 대안들을 찾아보게 된다. 어떤 주제들에 대해서는 교회 차원에서 개선책이 필요한 부분이 있어서 교회에 건의하기로 한다.

현실적인 대안점을 찾았는데도 아직도 공동체에는 갈 엄두가 나지 않는다. 특히 지속적 가나안 교인들은 지금 개인적인 신앙생활로도 비교적 만족스럽기 때문에 아직도 동기부여가 되지 않는다. 그리고 몇몇 이들에게는 관계 속의 문제가 아직도 해결이 되지 않아서 공동체 관계를 회피하고 싶다. 이런 관계의 문제에 대해서 상담하고 싶다고 상담자에게 이야기하니, 상담사는 교회의 상담실로 연결해 준다. 소그룹들의 신앙생활에 도움을 주기 위한 상담사들은 교회 내의 관계와 같은 좀 더 사적인 부분의 상담에 대해서는 교회 내의 상담실과 연계하여 도움을 주기도 한다.

교회의 상담실로 소개받은 성도는 그곳에서 상담을 나누며, 마음이 훨씬 가벼워짐을 경험한다. 교회에서도 자신의 편이 되어 주고, 진심으로 함께 아파하며, 함께하는 그 시간에 함께하시는 주님을 경험한다. 이 모든 것이 주님의 은혜로 다가오며, 주님께 다가가기 위해서 작은 것부터 실천하기로 한다. 그리고 시작한 것이 일주일에 한 번씩 만나서 말씀과 교제를 하는 소모임에 참석하기로 결정한다.

네 번째는 소모임에 대한 지원이다. 리더와의 관계로 거북했던 〈윤정아〉, 일방적인 설교와 서열관계에서 불편함을 느꼈던 〈이진석〉, 몸이 아파서 적극적으로 신앙 생활을 하지 못하며, 주님을 느끼지 못한 것 같아서 소외감을 느꼈던 〈민진석〉을 기억한다. 그들이 겪었던 부정적인 경험들은 서열에 근거한 관계, 일방적인 가르침이나 결정, 소외와 무관심에서 비롯되었다.

따라서 새로운 소모임 지원은 리더 중심이 아닌 소모임, 수평적 의사결정, 소외에 대한 관심, 서로의 믿음에 대한 존중을 바탕으로 말씀과 설교에 대해서 서로의 의견을 나누는 것을 목표로 한다. 그리고 5명 미만의 소모임은 카톡방에서 매일 성경 구절로 하루를 시작하고 하루 일과 속에서 그 성경 구절을 묵상한다. 새로운 소모임은 교인들에게 충분한 지지그룹으로서의 역할을 하며, 지탱의 힘, 치유 그리고 쉼터를 제공한다. 따라서 상담과 소모임은 교인들에게 지지그룹으로서 공동체의 관계에서 더욱 성장하고 더 많은 사랑을 나누는 삶이 실천되도록 돕는다.

다섯 번째는 선교 지원이다. 그러나 이것은 외형적으로는 선교의 모습으로 비춰지지 않을 수도 있다. 우리의 목회는 종교적인 영역을 뛰어넘어서 사회적으로 공적인 의미가 있기를 기대한다. 우리가 추구하는 공적 의미는 '상호존중'이다. 이는 인간관계 속에서 서로에 대한 존중 그리고 믿음에 대한 존중을 의미한다.

교인들은 자신의 믿음을 지키며 개인적인 생활에 있어서의 성취에 머무르는 것이 아니라, 교회의 여러 공식적인 활동을 통해서, 사회적인 약자, 소외자, 정신이 건강하지 않은 자, 신체가 불편한 자, 믿음이 다른 자, 그 모두와 '어울려 함께 살아가고자' 봉사와 상호존중을 실천한다.

믿음을 가르치는 것이 아니라, 그들 안에도 거하시는 하나님의 임재에 대해서 존중하며, 실천으로 감화되기를 기도한다. 그리고 본인의 평안만을 누리는 것이 아니라 손길과 관심이 필요한 곳에 다가가는 마음과 봉사 그리고 사회의 문제에 적극적으로 참여함으로 기독교에 대한 부분적인 편견이 회복되기를 기대한다. 그리고 함께 어울려 살아가는 사회를 이루기 위한 목회 지원은 계속된다.

1. 예배와 교육 지원: 은혜의 시간, 공동체와 상호존중

'공동체'에 관하여 여러 학자들의 견해를 이미 살펴보았다. 래리 크랩, 본회퍼, 브룬너, 정근하 등의 학자들은 성도의 교제, 공동의 예배, 공동체만이 채워줄 수 있는 영혼의 갈구, 관계를 통한 영적 성숙으로 그 중요성에 대해서 강조하였다.

열한 명의 가나안 교인들은 어린 시절 부모님으로부터 신과의 친밀한 관계를 경험하지 못하였고, 이는 공동체와의 예배, 교제, 봉사 및 성장에 대한 경험의 부재를 의미한다. 부족한 경험의 부재를 이제는 부모에 의한 사회화가 아니라, 교회의 교육을 통해서 교육하고 훈련시키는 것이 필요하다.

물론 많은 교회에서 이미 등록 이후 양육 과정에서 공동체에 관해 소개하는 시간이 있는 것으로 알고 있다. 그러나 교육을 받고, 설교를 통해서 계속 듣고 있음에도 필요성을 못 느끼거나, 관계에 대한 불편함으로 원하지를 않거나, 또는 심리적으로 해결하지 못한 문제로 여유가 없거나, 다른 환경적인 요인들이 공동체 신앙생활을 막고 있다.

따라서 공동체 또는 소모임의 예배에서도 묵상을 통해 주님의 임재와 은혜를 충분히 느끼는 시간을 제안한다. 이는 지속적 가나안 교인들이 주님과의 개인적인 시간만으로도 비교적 만족하는 신앙생활을 유지한다는 점, 그러한 불참석 신앙인들은 깊이 있는 주님과의 교제를 원한다는 점, 그러한 묵상이 하나님 이미지를 변화시킨다는 신경과학적 입장 그리고 주님의 은혜가 공동체 예배, 교제, 봉사의 지속에 가장 큰 동기부여를 하였다고 필자가 속한 소모임의 교인들의 의견에 근거한 것이다.

공동체 예배, 교제, 봉사를 위해서 은혜가 그 힘이었다는 답변 이면에는 그럼 그러한 은혜를 경험하지 못한 교인들은 은혜가 느껴질 때까지 기다려야만 하고 다른 대안은 없는지 자문하게 되었다. 은혜를 못 느끼는 것에 대한 이유는 마음의 치유가 필요하기 때문이라고 소모임의 교인들이 이야기하였다. 해결하지 못한 문제로 심리적으로 공동체와 함께하는 것이 불편하다는 설명이다.

본 글의 가나안 교인들의 이야기와 필자가 속한 소모임의 몇몇 교인들의 의견을 정리하면, 첫째, 주님의 은혜를 예배를 통해서 충분히 경험하도록 한다. 둘째, 심리적 문제를 상담으로 치유하여 공동체 신앙생활을 위한 심리적 공간을 가진다. 셋째, 온전한 예배는 개인 경건의 시간과 공동체 경건의 시간이 균형잡혀야 함을 확실하게 인식시켜주는 교육과 훈련이 필요하다.

그리고 '공동체 경건의 시간'에 대한 교육과 더불어서 '상호존중'에 대한 교육도 실시한다. 교회 내의 목회자, 장로, 집사, 리더의 직분은 군림이나 통제를 위한 것이 아니라 섬김을 위한 직분임을 교회 내의 리더십 교육에서 상기시킨다. 또한 교육과 소통의 장을 통해서 교인들과의 수평적 관계의 모임에 도움이 되는 실천사항들을 서로 나누는 시간도 가진다. 리더들뿐만 아니라, 평신도를 위한 교육에서도 서로에 대한 존중이 곧 섬김의 시작임을 상기시키는 교육과 훈련은 필요하다.

2. 소모임 지원: 수평적 리더십과 섬김으로 관계 개선

교회 안에서만 관료제화에 대한 불만이 있는 것은 아니다. 교회 밖의 사회에서 그 불만은 더 심하며, 그러한 방법이 어떤 면에서는 효율적이지 않고, 비인격적임에 동의한다.

그리하여 '자율성을 존중'하여 더 창의적인 결과를 기대하며 변화되고 있는 모습이 있다. 바로 현대 사회에서 나타나고 있는 '탈관료제화' 현상이다. 한 TV 다큐프로그램에서 사회에서 보여지는 새로운 조직 문화현상으로 이러한 '탈관료제화'를 소개한 바 있다. "권위주의적인 조직 문화를 탈피하여 개인의 자유와 자율성이 존중되는 조직 문화 안에서 창의성이 발현될 수 있다"는 것이다(EBS, 2008. 8. 20). 따라서 기업이나 조직에서 팀회의를 할 때에도 관리자나 리더에 의한 일방적인 정보 전달이나 지시가 아닌, 조직 구성원 간의 수평적인 관계에서 자유로이 의견을 나누는 탈관료제화 현상을 그 프로그램에서 보여주었다.

물론 교회가 현대 사회의 흐름에 맞출 필요는 없다. 그러나 긍정적인 흐름이고 변화라면 주목해서 살펴보아야 할 필요는 있다. 조직 속의 서열과 지위로 밖에서 만들어진 권위가 아닌 하나님에게서 부름 받고 그에 합당한 언행과 삶 속의 실천으로 안에서부터 견고하게 빚어진 권위를 지닌 목회자라면, '수평적 리더십' 속에서도, 교인들은 진심으로 존경하며, 그러한 목회자들의 영적인 인도를 전심으로 바라게 되지는 않을까?

따라서 필자는 교회 안에서도 평등에 근거한 자율과 존중을 바탕으로 '탈관료제화' 문화 현상이 만들어지는 것을 기대해 본다. 이러한 기대는 이미 앞선 연구에서 '가나안 교회'의 장점들 중의 하나가 '수평적 리더십'이었다(정재영, 2013)는 견해에 근거한 것이며, 또한 본 글의 '가나안 교인들'이 들려주는 메시지에 근거한 것이기도 하다.

리더 중심이 아닌 소모임은 주중에 모임을 가지거나, 모임이 여의치 않은 경우에는 카톡방을 통해서 매일 말씀을 나누며 서로에게 힘과 격려를 줄 수 있다. 또한 모임의 안건에 대해서는 수평적 의사결정을 하고, 교회 차원에서 지원된 교육, 훈련, 소통의 장을 통해서 관계와 믿음에 있어서의 '서로에 대한 존중'이 리더들뿐만 아니라 교인들도 개인적인 차원에서 실천하는 것이 필요하다. '존중'이 실천되는 소모임과 공동체 활동들만이 지친 교인들의 삶에 쉼터를 제공하며, 위로, 격려, 지지로 신앙생활이 혼자만의 능력으로 힘겹게 가는 것이 아니라, 서로서로의 부축을 받으며 함께 나아가는 길임을 경험하는 공간이 된다.

3. 상담지원: 찾아가는 상담, 존중을 실천하는 상담

1) 찾아가는 상담

상담을 받는 것은 많은 적극성을 필요로 한다. 대부분의 교회에 상담실이 있으나 방문하는 것은 쉽지가 않다. 더군다나 잠정적, 지속적 신앙인들은 본인들의 불만사항이나 애로사항을 잘 표현하지도 않는다. 따라서 이러한 경우에는 상담사가 찾아가는 상담을 제안한다.

(1) 공간과 준비된 상담사 확보

기존의 많은 교회들에서는 일대일 양육과 같이 개인이 개인의 성경공부 및 신앙생활을 인도하는 과정이 많이 실행되고 있다. 이러한 양육과정과 함께 상담도 진행되어야 한다. 몇 개의 소모임을 담당하는 한 명의 상담사는 소모임의 리더가 알려준 상담이 필요한 교인들이나 자원하는 교인들에게 연락하여 상담을 실행한다.

찾아가는 상담을 위해서는 우선 교회 내의 충분한 상담 인력이 필요하다. 요즘 교회뿐만 아니라 대학교의 여러 과정을 통해서 상담에 대해서 배우는 이들이 많이 있다. 그러한 과정이나 대학원에서 전공한 인력을 자원 받아서 활용하거나, 교회에서 관심 있는 교인들에게 상담프로그램을 개설하여 인력을 준비시킨다. 준비된 상담사들은 소모임들에 지정한다. 전화상담보다는 가능하면 주일에 예배 전후로 교회의 가능한 공간에서 상담을 하도록 하며, 공간 확보와 준비된 상담사는 교회 지원 차원에서 준비한다.

(2) 애로사항 발견과 대안모색

〈정지훈〉과 〈한수진〉과 같은 잠정적 가나안 교인들 중에는 출산 이후 양육과 어린 자녀와의 예배의 불편함으로 교회에 불참하고 있다. 불참으로 마음이 불편하여 다시 교회에 참석하기를 희망하기에 이러한 상황은 더 안타깝다. 이러한 애로사항이 상담으로 교회의 인도자들에게 전달된다면 그리고 이러한 이유로 인한 잠정적 가나안 교인들이 적지 않음을 안다면 교회 차원에서 어린 자녀와 예배드리는 교인들을 위해서 개선할 사항들을 발견하여 실행할 수 있다.

또한 〈강준영〉과 〈나민아〉처럼 학업으로 잠정적으로 불참하는 경우도 있다. 현재 많은 교회들에 청년 교인들이 계속 감소하는 것에는 이러한 이유도 포함된다. 따라서 소속한 교회에 참석이 어렵다는 것을 상담하고 예배가 가능한 방법을 상담사와 함께 찾아가도록 한다. 이러한 이유로 불참하는 교인들에게 공동체와의 경건한 시간이 필요함과 소중함을 상담사와 상담하며 스스로 발견하고, 이를 실행에 옮길 수 있도록 그 대안을 함께 찾아가는 것이다. 소속한 교회가 아니더라도 학교 캠퍼스 근처나 캠퍼스 내의 교회나 모임을 그 대안으로 발견하여 참석하도록 격려한다.

(3) 긍정적인 관계 경험과 치유

신앙생활의 애로사항을 발견하여 그 대안을 발견함으로서 신앙생활이 계속될 수 있다. 그러나 지속적 가나안 교인들은 그러한 환경적인 애로사항으로 대안이 필요하다기보다는 교회에서 하나님과의 친밀함이나, 교인들과의 친밀함을 경험하지 못하여 불참하고 개인적인 신앙생활을 한다. 이러한 신앙인들에게도 찾아가는 상담이 필요하다.

열두 명의 가나안 교인들 중에서 두 명을 제외한 열 명은 어린 시절 부모님과의 관계에서 부정적인 경험을 하였다. 그리고 네 명은 현실 속에서도 가장 중요한 삶의 문제에 부모와의 관계가 영향을 주었다. 어린 시절 돌봄자와의 관계가 이후 관계에 영향을 주며, 이러한 부정적인 경험에서 치유를 돕는 것은 좋은 대상과의 경험이다. 상담을 통해서 필요한 좋은 대상과의 경험을 하며, 상담을 통해서 그들이 원하는 주님의 임재를 교회에서 경험하고, 상담사와의 관계 속에서도 주님의 임재를 경험한다.

찾아가는 상담을 통해서 주님과의 친밀함과 관계의 친밀함도 경험한다. 또한 그들은 상담을 통해서 지지와 힘을 얻기도 한다. 상담사는 판단하지 않는 태도, 진정 어린 경청과 공감으로 〈이진호, 진미정, 윤정아, 임선희, 민진석, 박미경〉처럼 교회의 예배, 공동체, 교인들에게 실망한 이들의 이야기를 듣는다. 그들과 상담으로 함께하고, 이야기를 듣고, 공감을 표현하고, 판단하지 않는 진정성은 그들에게 힘을 부여하며, 소외된 이들로 느껴지지 않게 한다.

2) '존중'을 실천하는 상담

'존중'을 실천하는 상담이 과연 무엇일까? 내담자의 입장을 판단하지 않는 것, 내담자 안의 하나님 형상을 존중하는 것 그리고 내담자의 문제에 대한 해답을 내담자 안에서 스스로 발견하도록 돕는 것이라고 생각한다. 이렇듯 내담자 내면에서 힘을 발견하도록 돕는 것이 곧 상담자로써 내담자에게 '존중'을 실천하는 상담이며, 신학적 관점의 '존재감 발견하기'를 그 상담전략으로 제안한다.

'존재감'은 사전적 의미로는 "사람, 사물, 느낌 따위가 실제로 있다고 생각하는 느낌"이다(표준국어대사전, 1999). 또한 김광기(2010)의 정의는 "어떤 것이 다른 것과 구별되는 무엇을 소유하고 있음, 혹은 다른 것들과 함께하는 와중에 그것 나름의 존재를 드러낼 수 있는 능력이다." 두 개의 정의를 토대로 존재감이란 '지금 그대로의 존재 자체(Bing)이며, 그 존재를 드러낼 수 있는 능력을 행하는 것(Doing)'을 의미한다. 좀 더 구체적으로 신학적 관점에서의 존재감이란, '구원' 받기에 충분한 지금 그대로의 존재 자체(Bing)를 의미하며, 존재를 드러낼 수 있는 '소명'(Doing)을 의미한다.

심리학적 관점에서 인간은 생존욕구에 부응하며 힘들고 불안한 세상을 살아내며, 철학적 관점에서 인간은 인간 자신의 존재에 대해서 계속해서 의문을 가지고, 그 의문 속에서 자신의 존재를 정의내리고, 또 재정의하면서 살아내는 존재이다(Heidegger, 1927). 그러나 삶 속에서 예상치 못한 역경과 고난을 만난다. 생존욕구로 어떠한 역경도 모두 극복하고 아무리 밟혀도 다시 일어나며 생명을 유지하는 잡초처럼 치열하게 살아낼 수 있을 것이라 믿었다. 그리고 또 살아내면서 자신의 존재에 대해서 의미를 부여하고, 정의내리며 한 고비 그리고 또 한 고비 살아낼 것이라 여겼다. 한편으로는 다른 생명체와 마찬가지로 커다란 생명력으로 무장하고, 또 한편으로는 좀 더 우월한 생명체로 자신의 의미를 추구하며 그렇게 한 생명을 모두 누릴 것이라 예상했다.

거대하게 제압하며, 숨 막히게 하는 역경 속에서 하나님이 주신 고귀한 삶을 누리는 것이 아니라, 그대로 사라지고 싶다. 포기하고 싶다. 그 역경 앞에서 보잘 것 없는 자신의 나약함과 어리석음이 한순간에 밀려오며 그것에 압도당한다. 한 인간의 삶과 그것을 둘러싼 배경들에 의해 빚어진 '우상'과도 같은 하나님 이미지는 그러한 고난 앞에서 힘이 되어주지 못한다. 아니 더 깊은 미궁(迷宮) 속으로 빠져들게 한다.

따라서 때로는 이러한 큰 고난 앞에서 한 인간을 다시 살리는 것은 심리학적 관점의 인간의 '생존욕구'로는 부족하다. 또한 철학적 관점의 '존재에 대한 정의'로도 부족하다. 그리고 이렇게 건강하지 않은 하나님 이미지로 좌절 속에 빠진 내담자와 그의 '우상'과 함께 씨름하는 기독교 상담사는 '생존욕구'를 다시 일으켜 세워 굳건히 하며, 존재에 대해서 포기하지 아니하고, 또 하나의 재정의를 만들며 살아나가게 할 수 있는 힘을 그 내담자 내면에서 드러내도록 돕는다.

따라서 기독교 상담 현장에서 내담자는 자신의 부족한 그 모습 그대로를 판단하지 않으며, 무조건적인 공감과 한 인간에 대한 존중으로 함께하는 기독교 상담사를 통해서 "복음과 한 인간의 고통의 순간들이 만날 수 있도록 도와주는 관계의 매개자"(25)를 경험하고(정석환, 2002), 위로와 격려로 다시 힘을 얻는다. 그리고 내담자만의 유일한 역할을, 소명을 발견하여 다시 하루를 살아낼 이유를 발견한다.

3) 하나님 이미지 변화를 위한 상담

본 글에서는 하나님 이미지에 관한 연구의 결과(박성원, 2017)와 선행연구의 다양한 관점을 통합하여 하나님 이미지와 씨름하는 기독교 상담 현장에서 다음과 같은 상담과 돌봄을 제안한다. 첫째, 대상관계와 생존욕구에 근거하여 하나님 이미지를 구성하는 권위의 이미지를 탐색한다. 대상관계에 의한 심리적 주제들, 생존욕구에 근거한 심리적 주제들이 권위의 이미지를 구성한다. 둘째, 내담자의 대인관계와 생활 속에서 반복적으로 보여지는 관계 및 감정 패턴을 탐색한다. 셋째, 관계 및 감정 패턴을 근거로 내담자의 하나님 이미지로 자리하는 핵심감정을 가설한다. 넷째, 핵심감정을 이루는 하나님 이미지를 내담자가 내면에서 스스로 발견하도록 돕기 위해서 상담사는 다양한 심상기법을 익히고 적용한다. 하나님 이미지는 가변성 비교에서 살펴본 바와 같이, 논리와 증거로 뒷받침되는 좌뇌에서 좌뇌로의 명시적 지식의 교환에 의해서 이루어지는 것이 아니라, 의미가 있는 관계적 경험과 우뇌에서 우뇌로 구현된 경험들을 통해서 주로 변한다. 여섯째, 따라서 상담사를 통해서 관계적 경험을 하도록 돕는다. 일곱째, 관계적 경험은 Whitehead의 표현처럼 "모든 실재들을 이해해주는 위대한 친구이며 고통을 나누는 동반자인 신"(정석환, 2002)과의 경험이다. 따라서 기독교 상담사는 이해하고 고통을 나누는 동반자의 역할을 감당해야 하며, 이는 어떤 맥락에서도 판단하지 않는 비판단적 태도와 무조건적인 공감 그리고 하나님이 창조하신 한 인간에 대한 존중의 마음을 필요로 한다. 이러한 경험을 통해서 내담자는 드러난 하나님 이미지의 힘은 잃지만, 건강한 하나님 이미지로 재구성할 수 있는 힘을 얻는다. 여덟째, 이에 상담자는 내담자가 내면에서 '존재감'을 발견하도록 돕는다.

앞서 제안하였듯이 신학적 관점의 존재감은 '구원받기에 충분한 지금 그대로의 존재 자체(Bing)를 의미하며, 존재를 드러낼 수 있는 소명(Doing)'을 의미한다. 마지막으로, 내담자는 자신이 발견한 '존재감'을 통해서 자신을 사랑하고, 소명을 발견한다. 그리고 상담 이후, 삶 속에서 소명을 행하며, 자신뿐만 아니라 타인을 돌아보는 여유를 지니게 된다. 기도와 실천의 삶 속에서 하나님 이미지와 하나님 개념이 통합되어 건강한 하나님 이미지로 재구성됨을 경험한다.

그리고 이러한 치유는 내담자에게만 일어나는 것이 아니라,

상담 현장에서 함께하시며, 일하시는 것을 목격한 상담자 또한 치유를 경험한다. 따라서 내담자만의 치유가 일어나는 것이 아니라, 내담자와 상담자 모두 치유를 경험하며 서로 상호적으로 이루어진다. 이에 이러한 기독교 상담의 현장은 믿음이 전해지는 현장이며, 믿음이 있는 이들에게는 더 성숙한 믿음으로 거듭나는 선교의 현장이기도 하다.

4. 선교 지원 — 존중, 사회 참여, 신뢰회복을 통한

신앙생활을 중단한 신앙인들을 포함해서 비기독교인들을 위한 목회 지원으로 실천과 존중의 선교를 제안한다. 열두 명의 교인들 중에서 유일하게 신유경이 이제는 더 이상 기독교인이 아니라고 이야기하였다. 물론 그녀 자신이 본인은 무엇을 쉽게 믿고, 의지하는 성향이 아니며, 모든 종교가 아름다움인 사랑을 추구하기에 동일한 것이라고 언급한 바 있다. 따라서 그녀의 기질적인 성향과 종교에 대한 개인적인 성향이기도 하다. 그러나 기독교인들만이 구원을 받는다는 이야기와 같은 집단적 배타주의, 이기주의로 비기독교인들을 소외시키는 점에 대한 불만은 그녀가 신앙생활을 중단한 이유가 오로지 개인적인 성향에 의한 것만은 아님을 내포하며, 좀 더 포용하고 실천하는 기독교에 대한 기대감을 내포한다. 이에 바울과 마테오 리치의 선교전략에 대해서 잠시 나누어 보려고 한다.

성경에서 첫 신학자이며 첫 선교사는 바울이라고 일컬어진다 (Bosch, 1991). 바울의 선교의 본질적 동기는 성경의 말씀인, "우리가 이와같이 너희를 사모하여 하나님의 복음으로만 아니라 우리의 목숨까지 너희에게 주기를 즐겨함은 너희가 우리의 사랑하는 자가 됨이니라"(살전 2:8)에서처럼 이웃을 위해 목숨까지 주고자 하는 '하나님의 사랑'이다(신경규, 2013). 이러한 하나님의 사랑으로 바울은 세계복음을 목표로, 말로 전하는 선교가 아니라 모범이 되는 삶을 보여주고자 하였다. 따라서 바울의 선교전략 중의 하나는 자신이 가르치는 것을 자신의 삶으로 보여주는 것이었다.

반면, 복음과 문화의 관계를 새롭게 해석한 마테오 리치는 기독교의 문화와는 다른 종교의 문화를 지닌 중국에 선교를 함에 있어서 유교의 상제와 기독교의 하나님은 동일한 절대자이며, 중국에서는 진리를 알 수 있는 능력이 불교, 도교, 신유학의 개념에 의해서 가로막혔을 뿐, 하나님을 아는 지식은 동방이나 서방이 모든 사람들이 가지고 있음을 강조하였다. 마테오 리치의 선교전략에 있어서 언어의 숙달은 커다란 역할을 하여서, 선교를 위한 저서에서 중국의 전통 종교를 존중함과 동시에 기독교의 개념이 잘 납득되도록 선교지의 언어와 비교하여 설명하였다.

즉, 마테오 리치의 선교전략은 선교지의 문화를 존중하는 것 그리고 지혜롭게 선교지의 문화와 연결하여 기독교의 개념들을 선교한 것이라고 여겨진다(김상근, 2005).

이상과 같이 살펴본 바울과 마테오 리치의 선교전략은 바로 삶 속에서 실천으로 보여주는 것과 배경과 문화가 다른 교인들에 대한 존중하는 태도이다. 가나안 교인들을 포함하여 비기독교인들에게 다가가는 선교전략은 서두름, 강요, 가르침이 아니라고 생각한다. 자신을 포함한 타인에 대한 사랑, 믿는 이들이든, 믿지 않는 이들이든, 그 안에 임재하시는 하나님의 형상을 존중하여 개개인을 소중히 하는 진정성과 열린 마음, 함께 더불어 살아가는 사회에 대한 책임을 가지고 공평한 존중을 위하여 적극적으로 동참하는 태도, 소외된 이들과의 함께함과 봉사를 통한 신뢰회복, 그 모든 것들이 자신의 의로 행해지는 것이 아니라 주님이 주시는 성령의 감동으로 이루어지기를 소원하는 간절한 기도 그리고 그 모든 여정에 드러나는 평안과 감동이 우리 모두를 주님에게로 더욱 가까이 가게 한다.

참고문헌

김광기. (2010). "존재감"을 위한 일반적 조건, 그리고 한국적 조건. 현상과 인식, 175-201.

김상근. (2005). 마테오 리치의 천주실의에 나타난 16세기 후반 예수회 대학의 교과과정과 예수회 토미즘(Jesuit Thomism)의 영향. 한국기독교신학논총, 40(1), 291-312.

김영재. (2012). 한국 청년실업 유형별 전략적 관리 방안에 관한 연구. 취업진로연구, 2(1), 67-89.

권수영. (2004). 임상현장의 작용적 신학: 기독교상담의 방법론적 정체성. 한국기독교상담학회지, 7, 100-123.

권수영. (2006). 기독(목회)상담사의 신학적 성찰. 신학과 실천, 32, 369-396.

문병하. (2014). 포스트모던 시대에 효과적인 목회사역에 관한 연구. 신학과 실천, 38, 7-31.

박성원. (2017). '가나안성도'들의 탈(脫) 교회에서의 신앙경험에 대한 연구. 연세대학교대학원 석사학위논문.

박종태. (2009). 한국 청년실업률 지역별 비교 분석연구. 한국지역경제연구, 14, 87-104.

박해남. (2016). 1988 서울올림픽과 시선의 사회정치. 사회와 역사, 110, 353-389.

신경규. (2013). 한국교회의 공격적 선교에 관한 고찰. 개혁주의교회성장, 7(7), 100-126.

신국원. (1999). 포스트모더니즘. 서울: IVP.

이성희. (1996). 미래 사회와 미래 교회. 서울: 대한기독교서회.

정근하. (2012). 사이버예배의 문제점과 교회 공동체의 의미 분석-도쿄 T교회 사례를 중심으로. 신학과 실천, 30, 141-176.

정석환. (2002). 목회상담학 연구. 파주: 한국학술정보(주).

정재영. (2013). 소속 없는 신앙인에 대한 연구. 현상과 인식, 37(4), 85-108.

정재영. (2014). 종교 세속화의 한 측면으로서 소속 없는 신앙인들에 대한 연구. 신학과 실천, 39, 575-606.

조기연. (1999). 말씀과 식탁-과학문명기 새 예배를 위한 패러다임의 전환. 한국 기독교신학논총, 16.

조기연. (2001). 예배와 집회는 다르다/사이버 예배의 예배학적 읽기. 기독교사상, 9, 105-106.

조기연. (2004). 지성정 예배의 예배학적 분석과 평가. 신학과 실천, 7, 193.

조성돈. (2016). 한국 교회를 그리다. 서울: CLC.

한국경영자총협회. (2013). World Now Global News. 월간 경영계, 413, 48-49.

한국경영자총협회. (2012). World Now Global News. 월간 경영계, 80-81.

한배호. (1969). 전후 한국의 정치적 권위구조. 국제정치논총, 9, 105-128.

Bosch, D. J. (1991). *Transforming Mission*. 김병길, 장훈태 역. 변화하고 있는 선교. 서울: Christian Literature Crusade.

Browning, D. S. (2007). *Equality and the Family: A Fundamental Practical Theology of Children, Mothers, and Fathers in Modern Societies*. Grand Rapids, Michigan: Wm. B. Eerdmans Publishing Company.

Davis, E. B., Moriarty, G. L., & Mauch, J. C. (2013). God Images and God Concepts: Definitions, Development, and Dynamics. *Psychology of Religion and Spirituality*, 5(1), 51-60.

Frazee, R. (2005). *The Connecting Church*. 차성구 역. 21세기 교회 연구: 공동체. 서울: 좋은 씨앗.

Granqvist, P. (2002). Attachment and religiosity in adolescence: Cross-sectional and longitudinal evaluations. *Personality and Social Psychology Bulletin*, 28, 260-270.

Heidegger, M. (1927). *Sein und zeit*. 이기상 역(2009). 존재와 시간. 서울: 까치 글방.

Jordan, M. R. (1986). *Taking on the Gods*. 권수영 역(2011). 신(神)들과 씨름하

다. 서울: 학지사.

Kim, S. H. (2005). *An Interplay Between God-Images And The Korean Traditional Religions In A Hermeneutics Of Pastoral Care And Counseling*. Unpublished doctoral dissertation, Stellenbosch University.

Kwon, S. Y. (2003). *God Representation: A Psychological And Cultural Model*. Unpublished doctoral dissertation, Graduate Theological Union.

Kwon, S. Y. (2003). Mental God-representation reconsidered: Probing collective representation of cultural symbol. *Archive for the Psychology of Religion*, 25(1), 113-128.

Kwon, S. Y. (2005). "God may NOT be a Person!": A Case of Cultural Construction of God Representations. *Pastoral Psychology*, 53(5), 405-421.

Rizzuto, A-M. (1979). *The Birth of the Living God*. IL: University of Chicago Press.

Stark, R., Hamber, E., & Miller, A. S. (2005). Exploring Spirituality an Unchurched Religions in America, Sweden, and Japan. *Journal Of Contemporary Religion*, 20(1), 3-23.

중앙일보. (2014). '108배에 다이어트' 고소영-문소리, 절체조 예찬하더니… 효과가 '딱!' retrieved January 22, 2017, from the World Wide Web: http://news.zum.com/articles/16170322.

통계청. (2005, 2015). 인구 총 조사: 종교별 인구. retrieved January 5, 2017, from the World Wide Web: http://www.kostat.go.kr/

EBS. (2008). 창의성을 찾아서-제3부 함께 만드는 세상의 변화. EBS 다큐프라임 (8월 20일).